Oma's Märchenbuch

von
Margarethe Schmuck

Gesammelt
und herausgegeben

von ihrer Enkelin
Lile an Eden

Verlag Artvisionweb

Margarethe Schmuck

und

Lile an Eden

Oma's Märchenbuch

Märchen im Wandel der Zeit

2.Auflage 2013,
Limited edition

Titelseite, Illustration,
Gestaltung: Klaus Weber
www.zwergle.com

ISBN 978-3-9503099-5-9

Verlag Artvisionweb
Gabriela Kriebernegg
Nibelungengasse 28
8010 Graz, Österreich
www.artvisionweb.com

Inhaltsangabe

Vorwort

Ich will dieses Buch nicht entweihen, in dem ich auch etwas reinschreibe. Es ist heilig für mich. Doch meine Liebe zu dir gibt mir das Recht dazu. Es scheint mir Jahre her zu sein, oder viele Leben, da du mir alle diese Märchen erzählt hast.

Ich bin Schauspielerin geworden, Schriftstellerin, Geschäftsfrau, Therapeutin, aber im tiefsten Innersten bin ich noch immer deine Enkelin, die staunend im Bett liegt und deinen wunderbaren Märchen lauscht. Ich träume immer noch von Prinzen und Prinzessinnen, von Schlössern und Zauberern, guten Feen und weisen Hexen. Mehr und mehr vermischt sich diese Traumwelt mit meiner Realität und ist kaum mehr von dieser zu unterscheiden. Auch hier gibt es Prinzen und Zauberer, Irrlichter und Sümpfe, doch irgendwo ist ein tiefer Glaube in mir, daß jede Geschichte, die das Leben mir stellt, ein gutes Ende nimmt. Denn alle deine Märchen gehen gut aus, und das hat mich für mein Leben geprägt. Selbst wenn eine Situation aussichtslos scheint, glaube ich an einen tieferen Sinn und an einen glücklichen Ausgang.

Die Einfachheit und das unschuldige Gefühl für Gerechtigkeit in deinen Geschichten berühren mich noch heute, und ich danke dir ganz viel, dass du mir dieses Geschenk weitergegeben hast. Auch ich schreibe Märchen, größere, komplizierte, doch niemand erzählt Märchen schöner als du... Danke und verzeih, daß ich die Märchen, die du für mich geschrieben hast, mit anderen teilen möchte. Sie sind zu schön, um sie für mich zu behalten...

Alles Liebe...deine Lile

Oma's Märchenbuch

Märchen im Wandel der Zeit

Margarethe Schmuck

und Lile an Eden

Das Burgfräulein

Hoch auf einem Berg, auf einem Felsplateau, stand eine Burg. Trutzig schaute sie ins Tal hinab. Niemand kam zur Burg hinauf und niemand hinunter, der nicht die ausdrückliche Erlaubnis des Burgherren hatte. Es gab nur eine Gondel von der Burg aus, die ins Tal führte.
Der Eingang zur Gondelbahn wurde rund um die Uhr strengstens überwacht. Auf der Burg lebte ein Graf mit seiner Gemahlin, seinem Töchterchen und seinen Dienstboten.
Zu seinem Besitz gehörten auch große Ländereien. Diese wurden von Bauern bewirtschaftet, die die Burgbewohner mit den nötigen Lebensmittel versorgten. Die Waren wurden mit der Gondel nach oben gebracht, und gleichzeitig erzählten die Lieferanten Geschichten aus den umliegenden Dörfern. So also waren die Burgbewohner stets bestens über die Neuigkeiten im Lande unterrichtet. Der Graf und die Gräfin lebten glücklich und zufrieden auf ihrer Burg. Ihr Töchterchen war ein ganz reizendes Geschöpf und liebte seine Eltern sehr.

Die Dienstboten verwöhnten es, und es hatte alles, was sein Herz begehrte. Oft gab das Grafenpaar Gesellschaften und es ging immer lustig zu. Nichts vermochte ihr Glück zu trüben. Doch eines Tages geschah das Unerwartete.

Die Gräfin wurde schwer krank und niemand konnte ihr helfen. Urplötzlich war diese Krankheit ausgebrochen. Niemand kannte den Grund, und der Gräfin ging es von Tag zu Tag schlechter. Nach ein paar Wochen wurde sie zu Grabe getragen. Von da an herrschte nur mehr Kummer und Leid auf der Burg. Wo einst fröhliches Gelächter ertönte, war jetzt nur noch Schweigen. Das Töchterchen sang und spielte nicht mehr. Es war immer traurig und weinte sehr, sehr oft. Auch der Vater, der Graf, war stets bedrückt und kaum ansprechbar. Wie ein Schatten schlich er durchs Haus und kümmerte sich auch kaum um seinen Besitz. Es war, als ob mit dem Tod der Gräfin die Sonne verschwand. Eines Tages bemerkte der Graf endlich den fürchterlichen Zustand seines kleinen Töchterleins, und er sagte:

„So geht das nicht weiter. Es muss wieder eine Frau ins Haus. Das Kind braucht eine Mutter." Am nächsten Tag schon verabschiedete sich der Graf von seinem Töchterchen und versprach ihm ein liebevolles Mütterlein nach Hause zu bringen. Der Graf bereiste das ganze Land und besuchte alle Burgen und Schlösser. Schließlich fand er, was er suchte. Eine wunderschöne Prinzessin, liebreizend an Gestalt und Aussehen.

Er nahm sie zur Gemahlin und führte sie heim auf seine Burg. Das Töchterchen freute sich auf seine neue Mutti, aber schon beim ersten Kennenlernen spürte das Kind etwas Kaltes, das von ihren Augen ausging. Nach einiger Zeit spürte das Mädchen, daß diese fremde Frau, die sie Mutter nennen musste, sie hasste.

Denn sie war nicht lieb und gut, sondern streng und herrschsüchtig. Das Kind konnte ihr nichts recht machen, sie beschimpfte es grundlos und gab ihm bittere Strafen. Als der Graf dies bemerkte und einsah, welchen Fehler er gemacht hatte, kränkte er sich sehr und verlor seinen Lebenswillen.

Schon kurze Zeit später folgte er seiner über alles geliebten, ersten Gemahlin in den Tod.
Nun begann die Schreckensherrschaft der Stiefmutter auf der Burg. Sie versetzte die Untertanen mit ihren Launen in Angst und Schrecken, und ihre Stieftochter litt unsäglich.
Inzwischen war aus dem kleinen Mädchen ein wunderschönes Burgfräulein geworden. Es kamen viele Freier, die um die Hand des Fräuleins warben, doch die Stiefmutter schickte alle weg. Keiner war ihr recht. Sie wollte das Zepter nicht aus der Hand geben. Denn mit dem Tag der Eheschließung mußte sie die Burg verlassen. Dies hatte der Graf, bevor er starb, schriftlich festgelegt.
Seit einiger Zeit begleitete ein sehr hübscher, junger Mann den Warentransport zur Burg.
Das Burgfräulein freundete sich mit dem jungen Mann an und lernte ihn lieben. Auch er hatte sich unsterblich in des Grafen Tochter verliebt, obwohl er wußte, daß er sie nie bekommen könnte, da er ja nur ein armer Müllerssohn war. Trotz der Heimlichkeit ihrer Begegnungen bemerkte es die Stiefmutter und ließ den jungen Mann in den tiefen Kerker werfen.

Als das Burgfräulein das erfuhr, weinte es bitterlich, wußte sich aber keinen Rat. Auch der Müllerssohn hockte verzweifelt in seinem Verlies und wußte nicht, was er machen sollte. Plötzlich hörte er eine Stimme, die aus den Wänden zu kommen schien: „Verzage nicht, ich will dir helfen. Vertrau mir. Da hast du ein Schwert und einen Schlüssel." In dem Moment spürte er, daß ihm etwas in die Hand gedrückt wurde. „Mit dem Schwert bist du unbesiegbar." Die Stimme verhallte und plötzlich war der Raum in ein mattes Licht getaucht. Da sah der Müllerssohn in einer Ecke eine Tür. Er probierte den Schlüssel ins Schloß zu stecken und siehe da, der Schlüssel passte. Die Tür ließ sich ganz leicht öffnen. Eine Treppe führte steil nach oben und endete in der Mitte des Burghofs. Er lief direkt dem Burgfräulein in die Arme. Dieses, überglücklich ihn zu sehen, hielt ihn so fest, als ob es ihn nie wieder loslassen wollte. Zufällig kam auch die Stiefmutter des Weges und als sie den Burschen erkannte, rief sie die Wächter. Sie sollten ihn sofort wieder einsperren.

Doch da zog der Müllerssohn das Schwert und besiegte alle. Dann befahl er den Wächtern, nun die Stiefmutter in den Kerker zu werfen. Diese flehte und bettelte um Gnade, doch es half ihr nichts. Sie mußte in den dunklen Kerker. Das Burgfräulein und der Müllerssohn vermählten sich und nach Jahresfrist wurde ihnen ein Kindlein geboren. Darüber waren sie so glücklich, daß sie die Stiefmutter aus dem Kerker holten. Für diese war das Jahr eine furchtbare Strafe gewesen. Sie hatte viel Zeit gehabt, über ihre Vergangenheit nachzudenken. Sie bereute alles, was sie getan hatte und wurde zu einem guten Menschen. Die Taufe wurde zu einem großen Fest, an dem alle Untertanen teilnehmen durften, und von diesem Tag an lebten sie glücklich und zufrieden in ihrem Land.

Das Schloss am tiefen See

Es waren einmal ein König und eine Königin. Sie wohnten in einem Schloss, das auf einem Hügel stand. Am Fuße des Hügels lag ein tiefer dunkelgrüner See. Hinter dem Schloß begann ein großer, dunkler Wald, in dem eine uralte, weise Frau wohnte. Kaum ein Mensch bekam sie je zu Gesicht.
Der König regierte sein Volk mit Liebe, und seine Untertanen verehrten ihn und seine Gemahlin sehr. Das Königspaar aber war sehr unglücklich. Es wünschte sich von ganzem Herzen ein Kind, doch war dieser Wunsch bis jetzt unerfüllt geblieben. Eines Tages hörte der König von der weisen, alten Frau im Wald und davon, daß sie fast jedem helfen könne, der sie um ihre Hilfe bat. Er besprach sich mit der Königin, und sie wurden sich einig, daß er die weise Frau aufsuchen sollte. Schon am nächsten Tag verabschiedete sich der König von seiner Gemahlin, sattelte sein Pferd und machte sich auf den Weg.
Er glaubte, die alte Frau bald zu finden und ritt in den tiefen Wald hinein. Stunde um Stunde verging. Der König wurde hungrig und müde und immer noch keine Spur von dieser geheimnisvollen Alten.

Auch sein Pferd wurde müde und ließ seinen Kopf hängen. Da sprach der König zu seinem Pferd: „Es wird dunkel, wir müssen uns eine Bleibe suchen.“
Unter einem mächtigen Baum machte er Rast, stieg ab und ließ sich seufzend auf die Erde sinken. Er lehnte sich an den Stamm und überlegte, wie er diese alte Frau finden sollte. Er hatte keine Ahnung, wo sie sich aufhielt, und der Wald war sehr groß. Er grübelte und grübelte, und vom langen Ritt, und vom vielen Denken müde geworden, wurden seine Lider schwerer und schwerer. Schließlich fielen sie ihm zu, und er glitt langsam hinüber in den Schlaf. Im Traum sah er die weise Frau. Er klagte ihr sein Leid und fragte sie um Rat. Die weise Frau hörte ihm still zu, nickte und ging zu einem alten hölzernen Schrank. Sie nahm eine Flasche aus dem Schrank, und schüttete etwas von dem Inhalt in ein Glas und forderte den König mit folgenden Worten zu trinken auf: “Trink dies und dein Wunsch wird sich erfüllen. Doch wisse: Es ist fraglich, ob deine Gemahlin und du dann glücklicher sein werdet!“

Als der König erwachte, war es schon heller Tag. Er band das Pferd los und ritt, wie er meinte, noch tiefer in den Wald hinein. Doch nach einiger Zeit stellte er fest, daß er im Kreis geritten sein mußte, denn vor ihm tauchte das Schloss auf. Der König war sehr erstaunt, und es wurde ihm ein bißchen unheimlich. Jedenfalls würde er nie wieder in diesen Wald reiten, denn die alte Frau würde er nicht finden. „Wer weiß, ob es sie überhaupt gibt", dachte der König. Plötzlich fiel ihm sein Traum wieder ein, und er erzählte ihn seiner Gemahlin. „Warten wir es ab," sagte die Königin. Und wirklich, nach ein paar Monaten kam die Königin freudestrahlend zu ihrem Gatten und sagte ihm, daß sie ein Kind erwarte. Als das Kind dann endlich geboren wurde, konnten sie ihr Glück kaum fassen. Sie gaben ein großes Fest, und das ganze Volk feierte mit ihnen. Es gab zu essen und zu trinken in Hülle und Fülle. Nur einen Menschen im ganzen Reich gab es, der dem König das Glück neidete. Er war nämlich der Neffe des Königs, und, wenn die königliche Ehe kinderlos geblieben wäre, hätte er eines Tages über das ganze Reich geherrscht.

Er wünschte dem König und der Königin fortan nur Unglück, vor allem aber, daß sie an dem kleinen Prinzesschen keine Freude hätten. Die Zeit verging, und je älter die Prinzessin wurde, desto garstiger und unfreundlicher wurde sie. Die Eltern kränkten sich sehr und auch die Untertanen litten unter dem unmöglichen Benehmen der kleinen Hexe, wie sie heimlich genannt wurde. Eines Tages, als die Prinzessin wieder besonders schlechte Laune hatte, sagte die Königin zum König: "Suche nochmals die weise Frau im Wald auf, nur sie kann uns helfen."Der König willigte ein und brach schon am nächsten Morgen auf. Wieder ritt er den ganzen Tag. Als es dunkel wurde, und der König schon aufgeben wollte, sah er von fern ein Lichtlein leuchten.
Er ritt darauf zu und kam zu einem kleinen, baufälligen Häuschen. Aus einem winzig, kleinen Fenster drang das Licht. Nach dreimaligem Klopfen wurde die Tür auf getan, und ein altes Mütterchen hieß ihn eintreten. Sie sagte: „Ich weiß, warum du kommst, König.

Das erste Mal, als du mich suchtest, bin ich dir im Traum erschienen, doch war es kein Traum. Damals sagte ich euch, daß euer Glück fraglich sei ,weil ich wusste, daß jemand euch euer Glück neiden würde. Mehr darf ich dir nicht sagen, nun geh nach Hause, es gibt eine Rettung. Vertrau mir." So ritt der König wieder nach Hause und erzählte seiner Frau von diesem Erlebnis. Vertrauensvoll warteten sie, was da kommen würde. Die Prinzessin trieb es von Tag zu Tag schlimmer und niemand konnte ihr etwas recht machen. Eines Tages ritt sie zum See, am Fuße des Hügels, und schaute hinein. Da schien es ihr, als ob sie in der Tiefe des Sees ein Schloss erblickte. Ungläubig beugte sie sich sehr weit über den Uferrand, um es besser sehen zu können. Vor lauter Erstaunen verlor sie das Gleichgewicht und stürzte in den See. Zum Glück wurde sie dabei von einem Burschen beobachtet, der ihr sofort nachsprang und sie, im letzten Augenblick aus dem Wasser zog. Als die Prinzessin wieder zu sich kam, wusste sie im ersten Moment gar nicht, was geschehen war. Nach und nach kam die Erinnerung zurück.

Durch diesen Schock wurde die Prinzessin ein ganz anderer Mensch. Obgleich der junge Bursch, der sie gerettet hatte, ganz arm war, verliebte sie sich in ihn und nahm ihn zum Gemahl. Der König und die Königin gaben ihnen freudig ihren Segen, denn für sie war die Wandlung ihrer Tochter ein Wunder. So unerträglich sie vor dem Unfall gewesen war, so lieb und mitfühlend war sie jetzt. Oft dachten sie an die weise Frau und dankten ihr im Stillen, daß sich alles zum Guten gewendet hatte. Fortan herrschten in ihrem Reich nur mehr Friede und Glück. Der Neffe verschwand eines Tages im Wald und ward nie mehr gesehen. Ab und zu sah man die Prinzessin am tiefen See stehen und ins Wasser starren. Sie selbst wusste am allerwenigsten, was mit ihr passiert war. Auch das Schloss in der Tiefe des Sees hatte sie nie mehr gesehen. In allen Jahren nicht. Nicht selten kam es vor, daß eine helle Kinderstimme sie aus ihren Träumen riss, und wenn sie sich dann umdrehte, sah sie, wie ihre kleine Tochter jubelnd den Hügel herunter lief, direkt in ihre Arme, und darüber wachte das Schloss, ihr Schloss, das ihr Zuhause war und das sie liebte.

Als das kleine Prinzesschen ungefähr 12 Jahre alt war, kam sie zu ihrer Mutter und sagte: „Mama, heute habe ich ein wunderschönes Schloss gesehen in der Tiefe des Sees, und es sah genauso aus wie unser eigenes. Fast wäre ich in den See gefallen vor Staunen, doch da sagte eine Stimme an meinem Ohr: „Hüte dich, mein Kind, was du siehst ist nur ein Traum und doch kein Traum, denn wenn du ins Wasser fällst, wird dieser Traum deine Wirklichkeit. So bleibe stehen und betrachte ruhig das schöne Bild, nach einer Weile wird es verschwinden. Dann geh nach Hause und erzähle das, was du gesehen und gehört hast, deiner Mutter. Und bestell ihr und deinen Großeltern einen lieben Gruß von der weisen Frau im Wald." So endete der Bericht der kleinen Prinzessin an ihre Mutter. Diese streute von nun an, jedes Jahr an diesem Tag, Rosenblüten auf den See, als Zeichen der Dankbarkeit und der tiefen Zuneigung für eine alte, weise Frau, die sie nie im Leben gesehen hatte und der sie doch all ihr Glück verdankte.

Die Blumenkönigin

Es lebte einmal ein Mädchen mit seinen Eltern am Rande der Stadt. Der Vater arbeitete in der Fabrik, und die Mutter war einkaufen gegangen.

Da dachte sich das Mädchen, es hieß Vevele, daß es auf die Wiese ginge und der Mutter ein kleines Blumensträußchen pflückte. Vevele sperrte die Wohnung ab, versteckte den Schlüssel unter dem Fussabstreifer, damit die Mutter ihn auch finden könnte, und hüpfte die Strasse entlang auf die Wiese zu. Auf der Wiese gab es viele verschiedene Blumen. Ganz behutsam und zart pflückte sie eine Blume nach der anderen. Vevele wollte nur ein kleines Sträußchen, da sie wußte, dass die Blumen auf der Wiese am schönsten sind.

Als das Mädchen glaubte, nun genug zu haben, stand auf einmal ein Blumenelflein vor ihm. Das Elflein nahm das Mädchen bei der Hand und sagte, ihre Herrscherin, die Blumenkönigin, wolle es sehen. Das Elflein bemerkte die Furcht des Mädchens und sprach: „Du brauchst dich nicht zu fürchten, meine Königin ist eine liebe und gerechte Herrscherin."

So folgte ihr das Mädchen durch den Wald und sie kamen auf eine Lichtung. Da gab es Blumen, die das Vevele noch nie gesehen, hatte und in der Mitte all dieser Blumen saß die Blumenkönigin. Um die Königin schwebten die Elfen. Jede Elfe hatte ein Krönlein auf dem Köpfchen, und die Krönleins hatten die Formen der vollerblühten Bliiten der verschiedensten Blumen. Die Königin trug ein Krönlein in der Form einer Lilie. Das Elflein zog das Mädchen vor die Königin, verbeugte sich, und stieß auch das Mädchen an, sich zu verneigen. Die Königin fragte das Mädchen, ob es mit den Elfen spielen wolle, und Vevele sagte: „Sehr gerne, nur am Abend muss ich wieder daheim sein." Die Zeit verging im Nu. Zwischendurch gab es Honig zu essen und Tautröpfchen zu trinken, und als das Mädchen endlich müde war, ging es zur Königin, machte einen Knicks, bedankte sich artig und sagte, nun wolle es nach Hause.Die Königin streichelte dem Mädchen über das Köpfchen, setzte ihm eine Krone aus Vergissmeinnichtblüten auf und sagte:

„Wenn du oder deine Eltem in grosser Not sind, so brich eine Blüte ab und ihr werdet keine Not mehr zu leiden haben. Aber bitte, tut es nur in der grössten Not, sonst bringt es euch nichts Gutes.“ Das Vevele versprach es und ging mit dem Elflein wieder nach Hause. Zuhause angekommen, erschrak es fürchterlich, als es seine Eltern bitterlich weinend am Tisch sitzen sah.

Als die Eltern das Mädchen bemerkten, sprangen sie auf, umarmten es beide und erdrückten es fast vor lauter Liebe. Vevele erzählte ihnen, wo sie gewesen war und daß die Blumenkönigin ihr eine Blütenkrone aufgesetzt habe. Und wirklich, auf ihrem Kopf glitzerte es nur so.

Die Blütenkrone war zu Gold geworden. Die Eltern sagten, daß sie sie sich so viele Sorgen gemacht hätten und so traurig waren, denn ihre Tochter sei auf den Tag genau ein ganzes Jahr verschwunden gewesen. Vevele erzählte von ihren Erlebnissen bei der Königin und daß für sie nur ein Tag vergangen wäre, und sie erzählte den Eltern von dem Versprechen, daß sie der Blumenkönigin geben mußte, von dem Krönlein nur in aller größter Not

eine Blüte abzubrechen. Auch die Eltern versprachen es. Aber seit der Heimkehr der Tochter hatten sie immer Glück und sie brauchten das Krönlein, nicht anzurühren. Als das Mädchen heiratete, schmückte es sich mit dem Krönlein und auch das Paar hatte immer nur Glück. Das Mädchen wurde zur Mutter, und oft erzählte sie den Kindern von den Elfen und der Blumenkönigin. Eines Tages setzte eines ihrer kleinen Mädchen das Krönlein zum Spielen auf und plötzlich hörte es einen lieblichen Gesang :

Es war einmal und wird einst sein
ein wunderschönes Tal.
Der Blüten Duft, die zarte Luft
ist das, was Feen und Elfen ruft.
Sie leben dort in heil'gem Tanz,
die Sonne ist der Augen Glanz.
Der Mond die Seelen sanft durchflutet,
das Herz – vor lauter Glücke- blutet.
Die Augen voller Liebe leuchten,
nicht Angst, noch Scham
das Tal verseuchten.

Gar lieblich liegt es da und wartet,
auf alle Wesen, alle Arten,
die einst sich an das Tal erinnern,
es Stück für Stück,
mit allen Sinnen,
wieder in ihr Leben tragen.
Auch du wirst es sehr bald nun wagen,
des Alltags Schwere zu versüßen,
in Träumen bald die Elfen grüßen,
und Hand in Hand mit Sternenkindern,
des Tales Lieder wieder singen.
So folge dem Ruf und fürchte dich nicht,
des Herzens Stimme nun lauter spricht.
Das Innerste wird außen sein,
und du von Fesseln dich befrei' n.
Frei von Furcht nun wirst du zieh' n,
der Ängste Schatten vor dir flieh' n,
und wenn du an die Liebe glaubst,
du eine Welt der Wunder baust.

Die verwunschene Prinzessin

Ich war ein Mädchen von sechs Jahren und war sehr krank. Meine Oma besuchte mich oft und nahm sich viel Zeit für mich. Sie bastelte für mich Spielsachen und erzählte wunderschöne Geschichten. Wieder einmal kam Oma zu Besuch, mir ging es schon ein bißchen besser, und sie wollte sich mit mir in den Garten setzen. Leider spielte das Wetter nicht mit, es regnete in Strömen, und ich musste im Bett bleiben. Ich bettelte solange nach einer Geschichte, bis Oma endlich einwilligte. Ich lag ganz still im Bett, hielt Oma's Hand und sie begann: „Es war schon vor langer Zeit, da war ich, deine Oma, noch nicht auf der Welt, als diese Geschichte passierte. Als ich so ein kleines Mädchen war, wie du heute bist, erzählte mir meine Mutter, also deine Uroma folgende Geschichte: „Es war einmal ganz weit von unserem Land entfernt, in einem anderen Erdteil, ganz versteckt in einem tiefen, finsteren Wald, ein verfallenes Häuschen. Darinnen wohnte eine alte Frau ganz allein. Sie war sehr weise und wußte von vielen Dingen, die sonst kein Mensch wußte. Die Frau ernährte sich von dem Wenigen, was auf dem

Feld rings um das Haus wuchs und legte sich auch für den Winter einen Vorrat an. Mit Mühe und Not kam sie durch und konnte ihr Geheimnis mit niemandem teilen. Niemand wußte, daß sie früher eine wunderschöne Prinzessin gewesen war. Wegen ihres schlechten Lebenswandels wurde sie verwunschen, und die Prinzessin sollte erst wieder erlöst werden, wenn ein junger Mann sich in diese Einöde verirrte und den Wunsch hätte, bei ihr zu bleiben und ihr in der Gestalt der alten Frau zu helfen. So war die Prophezeihung der Fee, und das kam so:

Die Prinzessin und ihre Eltern wohnten in einem Königreich mit vielen Untertanen. Der König war ein gütiger und gerechter Mann. Er sorgte auch für die alten und gebrechlichen Leute, die nicht mehr arbeiten konnten. Auch die Königin war eine barmherzige Frau, und so wollten die königlichen Eltern ihre Tochter zu einer sanften und gütige Herrscherin erziehen. Sie nahmen die Prinzessin oft zu den kranken und armen Untertanen mit und mußten mitansehen, daß ihre Tochter diesen Menschen mit Ekel und Abscheu begegnete und sie auch mit ihrem Spott bedachte.

Alles gute Zureden half nichts, im Gegenteil, die Prinzessin wurde noch gehässiger. In diesem Königreich lebte zu jener Zeit auch eine gute Fee. Sie hatte davon gehört, daß die Prinzessin so ein kaltes Herz hätte und beschloß, sie auf eine Probe zu stellen. Die gute Fee kam als Bettlerin in das königliche Schloss und bat um eine milde Gabe. Der König und die Königin gingen mit ihr in die Küche, befahlen der Köchin, ihr zu essen zu geben und ihr auch noch einen kleinen Vorrat einzupacken. Als nun die gute Fee, in Gestalt der Bettlerin, nach Hause gehen wollte, begegnete sie der Prinzessin. Sie bat die Prinzessin, ihr zu helfen, die Tasche zu tragen, sie gäbe ihr guten Lohn dafür. Die Prinzessin lachte sie aus und verspottete die Bettlerin: „Was willst du mir für einen Lohn geben, du hast doch selbst nichts, ausserdem bin ich die Prinzessin, und was geht mich eine alte Frau an.“ Da sprach die gute Fee: „Das sollst du mir büssen! Von nun an sollst du als alte Frau, weit weg von deinen Eltern und dem Königreich, an einem einsamen Ort leben und dein Essen selbst erarbeiten, bis ein junger Mann kommt,

der ein gutes Herz hat, und aus freien Stücken bei der alten Frau bleiben will, um ihr zu helfen.“ Mit diesen Worten war die gute Fee verschwunden, und die Königstochter fand sich in dem kleinen, alten Häuschen, in der Einöde, verlassen und allein. Das war nun schon viele, viele Jahre her. Die Prinzessin dachte oft daran, was sie für ein kaltes Herz gehabt hatte, denn jetzt wäre sie von Herzen froh, wenn es jemanden gäbe, dem sie hätte helfen können. Aber die Zeit schien nicht mehr fern, wo sie erlöst würde. Dann würde die Prinzessin mit einem Prinzen in das Reich ihrer Eltern heimkehren und ihre Untertanen mit Liebe und Dankbarkeit regieren.

So träumte sie Nacht für Nacht. Endlich, eines Tages, kam ein junger Mann zu ihr in die Einöde. Die alte Frau gab ihm zu essen und machte ihm ein Nachtlager zurecht. Der Bursche stillte seinen Hunger und fiel müde auf das Lager. Er schlief bis in den nächsten Tag hinein. Als er erwachte, sah er die alte Frau an seinem Bette sitzen. Er erbarmte sich ihrer und sagte ihr, er würde bei ihr bleiben, um ihr bei der Arbeit zu helfen, denn sie hatte es verdient.

In diesem Augenblick wurde sie erlöst. Die alte Frau stand plötzlich als wunderschönes Mädchen vor dem Burschen, und sein Erstaunen war groß. Sie erzählte ihm, daß sie eigentlich eine Königstochter sei, in diese Einöde verbannt, bis ein junger Mann sich ihrer erbarmte und sie erlöste. Da gestand ihr der Jüngling, daß auch er ein Königssohn sei, der sich verirrt hatte, und er fragte sie, ob sie seine Frau werden wolle. Sie sagte ja, und so zogen sie nach Hause in das Reich der Prinzessin und lebten glücklich und zufrieden, und so hatte sich die Prophezeiung der guten Fee erfüllt."

So endete die Geschichte meiner Mutter, die deine Uroma war und nun träume schön mein Kind."

Beruhigt und zufrieden mit einem Lächeln im Gesicht, meine Hand noch immer in Oma's Hand, schlief ich ein und war dem Regen dankbar, denn er hatte mir diese Geschichte geschenkt.

Das verzauberte Brünnlein

Es war einmal vor langer Zeit, da lebte ein Elternpaar, mit seinem Töchterchen, am Rande eines Waldes, in einem ganz armseligen Häuschen. Dort, wo sich die Füchse gute Nacht sagen. Zu essen hatten sie meist nur für den halben Magen. Obwohl die Eltern rechtschaffene Leute waren, und der Vater immer auszog, um Arbeit zu suchen, kam er fast immer ohne Geld nach Hause. Sie mußten sich immer nur von dem ernähren, was in Gottes freier Natur wuchs. Doch da drückte die Eltern noch eine andere Sorge. Ihr Töchterchen hatte eine überaus lange Nase. Sie stieß überall mit ihr an. Das Mädchen fühlte sich so unglücklich, und die Eltern litten mit ihr. Ihnen fehlte das Geld, um einen Arzt zu bezahlen, der helfen könnte. Wieder lag das Mädchen in ihrem Bette und weinte leise vor sich hin. Da hörte es ihre Eltern seufzend beratschlagen, wie sie ihrem Kinde helfen könnten. So hörte sie, wie der Vater zur Mutter sagte, er erinnerte sich noch an eine weise Frau,die ihm einmal erzählt hätte, daß es ein Brünnlein gäbe, das verzaubert wäre, und wenn man sich darin wasche, alle Gebrechen vergingen.

Aber um es zu finden, müsste man ein Sonntagskind sein. Das Mädchen merkte sich alles genau. Am nächsten Tag fragte es die Eltern, wann es geboren wäre. Die Mutter sagte das Datum und daß es ein Sonntag gewesen war und sie somit ein Sonntagskind wäre. „Warum fragst du?“ „Nur so..“ antwortete das Mädchen, aber es war ganz durcheinander. Es wußte nicht, was es machen sollte. Sie wollte alles tun, damit ihm geholfen werde, aber im Geheimen fürchtete es sich. Es wußte nicht, wo es das Brünnlein suchen sollte.

Wie konnte es überhaupt von zuhause fort, ohne daß die Eltern es bemerkten. Es wollte ihnen keine Sorgen machen, doch die Geschichte ging ihm trotzdem nicht aus dem Sinn. Denn es wollte unbedingt seine lange Nase verlieren. Ein paar Tage quälte es sich, aber dann entschied es sich, das Brünnlein suchen zu gehen. Es schrieb den Eltern einen Zettel, sie sollen sich nicht sorgen, es wolle das verzauberte Brünnlein suchen, und käme erst wieder, wenn es das Brünnlein gefunden hätte. Das Mädchen schlich sich von zuhause fort.

Ein kleines Stückchen Brot nahm es mit. Das Mädchen ging tiefer und tiefer in den Wald hinein. Es war ganz finster und es raunte und rauschte in den Bäumen. Das Mädchen fürchtete sich sehr, aber es ging tapfer weiter. Es dachte immerzu, einmal müßte der Wald doch zu Ende sein. Als es schon lange unterwegs war, kam es zu einer Lichtung mit einer kleinen Wiese. Es setzte sich in die Wiese, nahm ein paar Bissen Brot, stärkte sich ein wenig und müde schlief es ein. Als es wieder erwachte, saß ein schwarzer Hund neben ihm und leckte über sein Gesicht. Am Anfang hatte es Angst vor dem Hund. Aber der Hund schaute es so treuherzig an, und so strich es ihm über den Kopf und eine Freundschaft wurde geschlossen. Der Hund wich ihm nicht mehr von der Seite, und das Mädchen ging ein wenig fröhlicher weiter. Es fühlte sich beschützt und nicht mehr ganz verloren. Als sie den Wald hinter sich ließen, tat sich eine weite Ebene vor ihnen auf. Weite, große Wiesen mit bunten Blumen, von Flüssen und Bächen durchtrennt. Das Mädchen dachte, eines von den Gewässern müsste das verzauberte Brünnlein sein.

Ein paarmal versuchte das Mädchen, aus einem der Bächlein zu trinken, doch jedesmal ertönte eine Stimme: „Trink nicht daraus und wasche auch dein Gesicht nicht, es könnte dir schaden." Das Mädchen glaubte der Stimme und tat, wie ihm geheissen. Sie waren nun schon lange gewandert und hatten nichts mehr zu essen und zu trinken, da setzte sich das Mädchen auf einen Stein und der Hund legte sich ihm zu Füßen. Der Hund und das Mädchen schliefen ein. Tage und Nächte hatten sie das wunderschöne Tag durchwandert, aber von dem verzauberten Brünnlein hatten sie nichts gehört und gesehen. Sie kamen an Häusern vorbei und baten um ein bißchen Essen und Trinken, und manchmal wurde ihnen eine Kleinigkeit gereicht, doch meistens schlugen die Leute die Türen zu. Sie wollten mit den beiden nichts zu tun haben.

Also schliefen sie jede Nacht im Freien und erwachten mit dem ersten Sonnenstrahl. Das Mädchen rieb sich die Augen und dachte: „Wie lange muss ich noch wandern, bis ich das Brünnlein finde und meine Nase los werde,

damit sich die Menschen nicht immer von mir abwenden. Ich will arbeiten nur für mich und den Hund, um das Essen zu verdienen." Auch an ihre lieben Eltern dachte es oft, und es bedrückte es, weil es wußte, daß es nun schon lange fort war und sie sich sicher sorgten. Auf einmal hörte es ein feines Rauschen und Murmeln. Das Mädchen blickte zu Boden, da sah es mit Staunen ein kleines Bächlein unter dem Stein hervor quellen, das es am Abend nicht bemerkt hatte. Es hörte aus dem Murmeln eine Botschaft: „Wasche dich und trinke daraus." Es zog sich aus, badete darinn und trank daraus. Als es sich abtrocknete, berührte es auch das Gesicht, und auf einmal wurde ihm bewußt, daß es die lange Nase nicht mehr fühlte. Es sah ihr Spiegelbild im Bächlein und kannte sich kaum wieder. Ein wunderschönes Mädchen schaute ihr entgegen. Es kniete sich nieder und dankte dem Herrgott für die Gnade. Auch der Hund hatte darin gebadet. Als das Mädchen nun wieder nach dem Bächlein und dem Hund sah, waren beide verschwunden. Auf einmal stand ein schöner Jüngling vor ihm. Er sagte, er wäre von einem bösen Zauberer in einen Hund

verwandelt worden und ihre gemeinsame Suche nach dem Brünnlein hätte ihn erlöst. "In Wahrheit aber bin ich ein Königssohn. Mein Vater regiert ein großes Königreich." Der Königssohn legte den Arm um das Mädchen und fragte es, ob es seine Frau werden wolle, denn er hätte es sehr, sehr lieb gewonnen, und er bat es, ihn zu seinen Eltern zu begleiten. Das Mädchen sagte ja, denn es hatte ihn auch sehr lieb. „Aber was werden deine Eltern sagen, ich bin ja so arm und meine Eltern besitzen nichts." Der Prinz aber sagte, es sei reich an Werten, die kein Gold je aufwiegen könnte. So nahmen sie sich an der Hand, um heim in sein Königreich zu gehen, und wanderten wieder über Berge und Täler. Am dritten Tag, als sie auf einem Berg standen, zeigte der Prinz ins Tal hinunter. Es stand auf einem kleinen Hügel ein wunderschönes Schloss. Ringsherum blühende Wiesen und Gärten. Der Prinz sagte: „Das ist von nun an unser Zuhause." Wie freuten sich der König und die Königin, daß sie ihren Sohn wieder hatten und dazu so ein liebes und schönes Schwiegertöchterchen. Das war ein langes Erzählen und Feiern.

Auch das Volk war von Herzen froh, daß es seinen Prinzen wieder hatte, und das Mädchen mit ihrem Liebreiz hatte im Nu alle Herzen des Volkes erobert. Was machten die Eltern des Mädchens? Die Sorge um ihre Tochter ließ sie ganz verzweifeln. So saßen sie wieder einmal vor ihrem Häuschen auf der Bank, als sie einen Wagen kommen hörten. Von vier schneeweißen Pferden wurde er gezogen und in der Kutsche saßen zwei junge Menschen, denen das Glück aus den Augen strahlte. Das Mädchen sprang aus dem Wagen zu den Leuten hinab und sprach „Erkennt ihr mich nicht. Ich bin eure Tochter.“. Auch der junge Mann stieg aus der Kutsche, und die Tochter sagte: „Das ist mein Gemahl. Er ist ein Prinz und wir sind gekommen, um euch auf das Schloss zu holen.“ Ihre Eltern kamen aus dem Staunen nicht heraus, weinten vor lauter Erleichterung und freuten sich von Herzen, daß es ihre Tochter so gut getroffen hatte. Im Stillen dankte der Vater der weisen Frau, die ihm vor langer Zeit vom verzauberten Brünnlein erzählt hatte, und dem Mut seiner Tochter, ihr Schicksal selbst in die Hand zu nehmen.

Der Schuster

Es war einmal ein Schuster, der brachte sich so recht und schlecht durchs Leben. Er träumte davon, daß er einmal einen Auftrag bekäme, der ihn von seinen Sorgen befreien würde. Als er so auf seinem Schusterschemel saß und einen Flicken an einen Schuh setzte, klopfte es an sein Fenster. Der Schuster rief: „Herein, die Tür ist offen." Da kam eine alte Frau herein. Sie ging ganz gebückt, hatte weiße Haare, und aus ihrem von Falten durchfurchten Gesicht, schauten listige Augen. Der Schuster fragte: „Was kann ich für dich tun?" Die Frau sprach: „Mach mir ein paar Schuhe vom feinsten Leder, denn ich werde auf einer Hochzeit tanzen." Der Schuster sagte: „Wie wirst du sie bezahlen?" Die alte Frau lächelte und sagte: „Dein Lohn wird reichlich sein." Der Schuster dachte: „In Gottes Namen, dann werd ich sie halt machen." Er nahm die Maße von den Füßen der alten Frau. Aber wie wunderte er sich darüber, wie zierlich ihre Füße waren. Wie die eines ganz jungen Mädchens. Die Frau bestand darauf, die Schuhe am nächsten Tag um genau 12:00 Uhr mittags abzuholen.

Der Schuster sprach, das werde er nicht schaffen. Doch als er anfing, das Leder zu schneiden, kam es ihm vor, als ob die Schere von selbst schnitt, und auch alles andere ging ihm schnell von der Hand. Genau um 12:00 Uhr am nächsten Tag waren die Schuhe fertig. Da klopfte es auch schon an die Tür.
Die alte Frau kam herein und bewunderte die Schuhe. Sie sprach: „Das hast du gut gemacht, und sie gab ihm zehn Dukaten." Der Schuster wunderte sich, wo die alte Frau so viel Geld hernahm, aber ihm sollte es recht sein. Er wünschte ihr einen schönen Abend. Am nächsten Tag ruhte er sich aus, ging einkaufen und machte sich ein gutes Essen. Er war mit sich und der Welt zufrieden. Als es Abend wurde, wollte er sich zur Ruhe begeben. Aber da klopfte es wieder an die Tür, und die alte Frau stand vor ihm. In der Hand hielt sie die Schuhe, die er für sie gefertigt hatte. Aber wie sahen sie aus? Die Sohlen waren ganz durchlöchert, als hätte sie mehrere Jahre durchgetanzt.

Die Dame sprach: „Du sollst mir noch ein paar Schuhe machen, und die Belohnung wird noch besser sein, aber die Schuhe müssen wieder morgen bis 12:00 Uhr mittags fertig sein!“ Nach diesen Worten ging sie wieder, und ihr Gang wirkte nicht mehr so schwerfällig wie zuvor, und noch etwas war dem Schuster aufgefallen: die Frau hatte irgendwie jünger ausgesehen. Der Schuster ging ein gutes Leder einkaufen und machte sich an die Arbeit. Mit Mühe und Not wurde er zur gegebenen Zeit fertig. Die alte Frau stand auch wieder pünktlich um 12:00 Uhr vor ihm. Wieder lobte sie die Arbeit und gab ihm 15 Dukaten. Der Schuster rieb sich die Hände. Er hatte für lange Zeit ausgesorgt. Er beschloß, sich einen Urlaub zu gönnen und am nächsten Morgen zu einem Verwandtenbesuch aufzubrechen. Der Schuster begab sich schon früh zur Ruhe, war schon fast eingeschlafen, als er ein hartes Pochen hörte. Er rief: „Wer ist draußen?“ „Ich bin es.“ An der Stimme erkannte er die alte Frau, so machte er die Türe auf. Vor ihm stand nun eine deutlich jüngere Frau als am Tag zuvor.

Der Schuster dachte: „ Das geht nicht mit rechten Dingen zu." Aber er getraute sich nicht zu fragen.
Wieder hielt sie die durchlöcherten Schuhe in der Hand und verlangte, daß er noch ein drittes Paar Schuhe machen müsse. Er wollte nicht recht, aber sie sagte ihm, es sei ihr Herzenswunsch, und so willigte er ein. Wieder verlangte sie, daß die Schuhe am nächsten Mittag fertig sein müßten. Aber es war schon etwas spät. Dem Schuster schien es ganz und gar unmöglich, das zu schaffen. Aber es ging alles wie von selbst. Um Punkt 12:00 Uhr machte er der letzten Stich. Schon war auch die Frau wieder da, und sie sagte, diese Schuhe seien die schönsten von allen. Sie gab ihm einen ganzen Beutel voll Dukaten und flugs war sie verschwunden. Der Schuster dachte: „Morgen mache ich mich schon zeitig auf den Weg." Ihm kam diese Frau nicht mehr geheuer vor. Wieder sah sie um viele Jahre jünger aus und sie schien von den Schuhen wie besessen zu sein. Am nächsten Morgen, als er gerade aufbrechen wollte und er seine Haustür abschloß, fuhr eine goldene Kutsche vor.

Er glaubte, seinen Augen nicht zu trauen, denn aus der Kutsche stieg ein wunderschönes Mädchen an der Hand eines Prinzen.

„Ich bin die alte Frau. Ich bin von einem Zauberer verzaubert worden, weil ich nicht seine Frau werden wollte. Ich konnte nur erlöst werden, wenn ich drei Nächte lang mit dem Zauberer tanzte. Keine Frau hat das je geschafft. Ein guter Geist flüsterte, wenn ich einen Schuster finden würde, der ein ehrlicher Mann sei, würde der Zauberer die Macht über mich verlieren, und dann wäre ich erlöst. Und so ist es geschehen. Nun werde ich meinen Prinzen heiraten, und wir sind gekommen, dich zur Hochzeit abzuholen." Der Schuster freute sich unendlich, verschob seinen Verwandtenbesuch ein weiteres Mal und stieg stolz und zufrieden in die Kutsche.

Der Schutzengel

Es war einmal eine Familie, die wohnte in einem wunderschönen Tal. Sie bestand aus Vater, Mutter und zwei Söhnen. Der ältere der Söhne war ein stiller, arbeitsamer Bursche. Er half dem Vater bei der Arbeit, von der die Familie lebte. Die Mutter führte den Haushalt. Sie war eine liebe, gute Frau, die immer für ihre Familie da war. Der jüngere Sohn war ein rechter Draufgänger und wollte immer hoch hinaus. Wenn er dem Vater und dem Bruder bei der Arbeit helfen sollte, maulte er immer und tat die Arbeit nur widerwillig. Er sagte, er verdiene ja nichts. Er wollte für alles bezahlt werden. Denn das Geld spielte bei ihm die Hauptrolle. Dies wußte auch ein zwielichtiger Mann aus der Umgebung. Dieser Mann war immer in unsaubere Geschäfte verwickelt. Er machte sich an den Burschen heran und schlug ihm ein Geschäft vor. Der Bursch sollte für ihn einen Gamsbock wildern, den er ihm teuer bezahlte. So stieg der Bursch eines Nachts den Berg hinauf, um einen Gamsbock zu jagen. Er schmierte sich Ruß ins Gesicht, um von niemandem erkannt zu werden, für den Fall, daß jemand ihn sehen sollte.

Aber er hatte Glück und es ging alles gut. Als der Bursche nun viel Geld hatte, gab er es ganz groß aus. Als der Vater davon efuhr, nahm er sich den Sohn vor. „Wo hast du das viele Geld her?" Der Sohn antwortete, das ginge ihn nichts an. Doch nach weiterem Drängen des Vaters erzählte er ihm die Wahrheit. „Das kannst du nicht tun, das dulde ich nicht. Wenn ich noch einmal so was höre, hast du bei uns nichts mehr verloren," sagte der Vater. Auch die Mutter bat den Sohn, die dunklen Geschäfte zu lassen.

Der Sohn versprach es. Aber er hielt sich nicht daran. Denn als das Geld verbraucht war, und der Mann ihn wieder um einen Gamsbock fragte, sagte er abermals zu. Diesmal wollte er ihm sogar einen noch höheren Preis zahlen. Also schlich sich der Bursche eines Nachts wieder aus dem Haus und ging dem Berge zu.

Er mußte diesmal ziemlich hoch hinauf. Es war gerade noch so hell, daß er den Gamsbock ausmachen konnte, der auf einmal in Schußweite vor ihm stand.

Aber immer, wenn er glaubte, den Gamsbock im Visier zu haben, teilte sich der Weg, und der Gamsbock war verschwunden und tauchte völlig unvermutet an anderer Stelle wieder auf. So stieg der Bursch immer höher und höher. Er konnte kaum mehr etwas sehen, doch er war wild entschlossen, nicht ohne diesen kapitalen Gamsbock heim zu gehen. Schon glaubte er, jetzt oder nie, doch auf einmal war alles stockdunkel. Er stürzte und sah nur mehr schwarze Punkte vor seinen Augen. Er versuchte sich mit seinen Händen irgendwo festzuklammern, denn er hatte den Boden unter den Füssen verloren. Irgendwie fand er Halt am Wurzelwerk und er hatte fürchterliche Angst. Er konnte sich kaum bewegen. Dunkel sah er Felsmassen an ihm vorbei rasen. Er war wieder gestürzt und hing nun in einer steilen Felswand. Der Bursch bereute, daß er die Bitte der Eltern nicht befolgt hatte. Er betete zu Gott, er sollte ihm einen Schutzengel schicken, denn er sah keinen Ausweg. Der Bursch versprach, ein guter Sohn zu werden und keine dunklen Geschäfte mehr zu machen. So hing er, vor Angst schlotternd, am Felsen.

Auf einmal wurde es ganz hell und ein liebliches Fräulein kniete über ihm. Es reichte ihm seine Hand, zog ihn in Sicherheit und führte ihn aus der Felswand hinaus. Als der Bursche den sicheren Boden unter den Füßen spürte, war das Fräulein verschwunden. Der Bursch kniete nieder, dankte Gott für die Rettung und dachte, er wolle den Eltern nichts sagen. Als er daheim ankam, schlich er gleich auf sein Zimmer. Niemand hörte ihn, denn es war noch vor Tagesanbruch. Seine Eltern und der Bruder schliefen noch. Als die Mutter am Morgen das Frühstück auf den Tisch stellte und alle zum Essen kamen, kam auch er herunter. Da schauten ihn die Eltern und der Bruder ganz entgeistert an. Was war geschehen?
Der jüngere Sohn hatte über Nacht schneeweisse Haare bekommen. Der Bursch sagte nichts. Aber von dieser Stunde an war er ein ganz anderer Mensch.

Das vorwitzige Mäuslein

Es war einmal eine Mäusefamilie. Vater, Mutter und drei Kinder. Eines davon war klein und zart, aber dafür umso vorwitziger. Immer mußten die Eltern die größeren Kinder bitten, auf das vorwitzige Ding aufzupassen, daß es sich nicht zu weit von zuhause entfernte.

Die Geschwister taten ihr Bestes und die Eltern gingen beruhigt ihrer Arbeit nach. So auch an diesem Tag. Eine Weile spielten die Kinder ganz brav in der Nähe ihres Mauselochs, aber ganz langsam entfernten sie sich immer weiter. Sie spielten Verstecken, und auf einmal sah das kleine Mäuslein ein Loch und schlüpfte hinein. Dann lief es immer weiter und weiter und plötzlich wurde es ganz hell und das Loch hatte ein Ende. Aber wie staunte das Mäuslein. Alles war so hell und licht, so etwas hatte es noch nicht gesehen. Es war in eine Speisekammer gekommen. Es schnupperte hierhin und dorthin und konnte der Versuchung nicht widerstehen, ganz langsam dem köstlichen Duft zu folgen. So viel an Eßbarem gab es bei ihm zuhause nicht. Es probierte ein bißchen von diesem und jenem, es war ja alles so köstlich.

Das Mäuselein war zwar schon satt, aber da sah es noch ein Stückchen Speck und den wollte es noch probieren. „Aber danach lauf ich ganz schnell nach Hause," dachte es. Der Speck roch einfach zu gut, und das Mäuschen konnte ihm unmöglich widerstehen. Doch wie es sich den Speck schmecken lassen wollte, machte es auf einmal „klick", und das Mäuschen saß in der Mausefalle gefangen. Oh, wie schlug dem kleinen Mäuschen das Herzlein im Leibe. Nirgends konnte es hinaus. Da saß es nun und die Tränen kullerten aus seinen kleinen Äuglein. Auf einmal ging die Türe der Speisekammer auf, und ein kleiner Junge kam herein. Er holte sich ein Stückchen Brot, blickte zufällig auf den Boden und sah das Mäuschen in der Falle. Er beugte sich zu ihm hinunter und schaute es aufmerksam an. Vielleicht hatte der Knabe die Tränen vom Mäuschen gesehen, vielleicht auch hatte er einfach Mitleid mit dem winzigen Mäuslein. Jedenfalls sagte er: „Du brauchst dich nicht zu fürchten, ich will dich frei lassen, du bist ja noch so klein." Das Mäuslein schaute den Knaben aus angstgeweiteten Augen an.

Da machte der Knabe die Falle auf. Noch ein kurzes Zögern, und dann machte das Mäuschen einen Hüpfer und schon war es verschwunden. Es rannte, so schnell es konnte, nach Hause. Die Eltern standen gerade vor der Mäusewohnung und hielten Ausschau nach ihrem Kleinsten. Sie sorgten sich schon sehr, denn es wurde dunkel und sie wußten nicht, wo sie zu suchen anfangen sollten. Auch die Geschwister fühlten sich elend. Die Freude war riesig, als sie das Mäuslein erblickten. Es war ganz außer Atem und konnte kaum sprechen.

Es musste ein wenig rasten, bis es alles erzählen konnte, was es erlebt hatte. Aber zum Schluß sagte es, nie wolle es mehr so neugierig sein. Es versprach den Eltern, immer bei den Geschwistern zu bleiben, und die Eltern schworen feierlich, jene Speisekammer nicht aufzusuchen, wo der Junge ihren kleinen Schatz gerettet hatte.

Das verwunschene Schloss

Es war einmal eine arme Frau, die hatte ein Mädchen. Es war wunderschön, zart und lieb. Trotzdem hatte es keine Gespielin, weil es zu arm war. Eines Tages sah es mal wieder zu, als ein paar Mädchen Ringelreigen tanzten. Aber die Mädchen stießen es weg. Da fing das arme Mädchen an zu weinen und ging ganz traurig nach Hause. Als die Mutter sah, daß ihr liebes Töchterchen weinte, nahm sie es in den Arm und fragte warum es denn so bitterlich weine. Das Töchterchen drückte sich inniglich an die Mutter und fragte, „Warum lassen mich die Mädchen nicht mitspielen, immer stoßen sie mich weg. Ich habe ihnen ja nichts getan. Ich möchte halt auch so gerne spielen.“ Die Mutter streichelte das Kind, sie konnte ihm doch nicht sagen, daß die Kinder sie nicht mitspielen ließen, weil sie so arm war und keine Spielsachen oder schöne Kleider hatte. Sie wollte ihr Töchterchen trösten und wusste nicht wie. Die Mutter sagte: “Weißt du, mein liebes Kind, einmal wirst auch du schöne Kleider haben und Ansehen genießen, dann darfst du nicht den gleichen Fehler machen und so hochnäsig werden, sondern mußt

immer lieb und nett zu deinen Mitmenschen sein." Das Kind versprach es der Mutter. Das Töchterchen dachte, wenn ich mal groß bin und arbeiten kann, will ich für mein liebes Mütterchen sorgen und ihr nur Liebes tun, denn sie sah, wie sich ihre Mutter jetzt immer plagen mußte, damit sie sich satt essen konnten. Das Mädchen wurde immer größer und größer, und es half dem Mütterchen schon viel. Es hatte ein paar Tage geregnet, und die Mutter meinte zu ihrem Töchterchen, es solle in den Wald gehen und Pilze suchen. Sie wollte ein gutes Pilzgericht zubereiten. Das Mädchen machte sich auf den Weg und freute sich, daß sie ihrer Mutter eine Bitte erfüllen konnte. Der Wald war ziemlich weit entfernt, und es mußte sich beeilen, wenn es wieder rechtzeitig vor Sonnenuntergang zuhause sein wollte. Als das Mädchen den Wald erreicht hatte, fing es sofort zu suchen an. Mal fand es da einen Pilz, mal dort, so kam es immer tiefer in den Wald hinein. Von dem vielen Suchen wurde es müde und setzte sich unter einen Baum. Es wollte sich nur ein paar Minuten ausruhen. Dann wollte es schnell nach Hause gehen.

Aber dem Mädchen fielen die Augen zu, es schlief ein, und im Traum erlebte es wundersame Dinge.
Das Mädchen träumte, es käme in einen ganz großen Garten und alles war in voller Blüte. Bäume, Sträucher und Blumen, alles blühte. Hinter dem Garten sah es ein wunderschönes Schloss. Im Garten waren viele Kinder, Mädchen und Knaben, und die Kinder nahmen das Mädchen an der Hand und fragten, ob es mit ihnen spielen wolle. Das Mädchen sagte ja und es war so glücklich. Sie spielten und tollten umher, bis sie müde wurden. Da ertönte eine Glocke, und alle Kinder liefen dem Schloße zu. Ein Knabe nahm das Mädchen an der Hand und zog es mit sich in das Schloß hinein. Das Mädchen blieb stehen, der Mund blieb ihm offen und die Augen wurden immer größer und größer vor lauter Staunen. Es war überwältigt von all dem Schönen, was es zu sehen gab. Alles war aus Gold und Marmor. Eine ganz große Tafel war gedeckt mit lauter guten Speisen und Getränken. Die Kinder nahmen auf den Stühlen Platz. Auch der Knabe und das Mädchen setzten sich.

Am Kopf der Tafel saßen der König und die Königin. Sie forderten alle Kinder auf zu essen. Als alle satt waren, standen die Kinder auf, gingen zum König und der Königin, verbeugten und bedankten sich. Als der Knabe und das Mädchen sich verbeugten, legte der König seine Hand auf die Schulter des Knaben und sagte : „Was bringst du uns heute für ein liebes Mädchen, mein Sohn? Hattest viel Freude am Spiel mit ihr?“.

„Ja, lieber Vater, und ich möchte öfter mit ihr spielen, am liebsten jeden Tag, weil sie so lieb ist.“ Die Königin umarmte das Mädchen und drückte ihr etwas in die Hand. Als das Mädchen sich beim König und der Königin bedanken wollte, war auf einmal alles verschwunden, und als es die Augen öffnete, saß es noch immer unter dem Baum. Das Mädchen stand auf und sagte zu sich: „Nun muß sich aber schnell nach Hause, denn Mütterlein wird schon in Sorge um mich sein.“ Als das Mädchen zu Hause ankam, lief die Mutter dem Mädchen entgegen und nahm es in die Arme. “ Wo warst du denn so lange, ich bin schon ganz verzweifelt!“

Die Tränen liefen ihr über das Gesicht. "Drei Tage warst du fort. Ich war schon ganz krank vor Sorge. " Da erzählte das Mädchen, was es geträumt hatte und daß sie so lange geschlafen hätte. Nun fiel ihr ein, daß die Königin ihr etwas in die Hand gedrückt hatte.

Das Kind machte die Hand auf, und wie staunte es, und mit ihr das Mütterlein, denn sie hatte ein ganz großes Goldstück in der Hand. Nun wusste das Mädchen, daß es kein Traum gewesen war. Das Goldstück hatte die Gabe, nie alle zu werden. Wenn es ausgegeben war, lag wieder ein neuer Taler im Geldbeutel. So brauchten die beiden keine Not mehr zu leiden. Aber obwohl das Mädchen viele Tage und Monate im Wald verbrachte und suchte, den Garten und das Schloss fand das Mädchen nicht mehr. Denn das Schloss war verzaubert, und erst nach vielen Jahrhunderten würde sich der Nebel lichten und einem Menschenkind, das reinen Herzens ist, der Zugang wieder offenstehen.

Der Junge mit der Flöte

Es war einmal ein feiner Junge, dessen Vater gestorben war. Nun war er mit seiner Mutter allein. Um sich und ihren kleinen Jungen durchzubringen, mußte die Mutter zu den naheliegenden Bauern arbeiten gehen. So war er meist sich selbst überlassen, denn die Mutter hatte keine Zeit, auf ihn aufzupassen. Oft wußte der Junge nicht, womit er sich beschäftigen sollte.

Doch eines Tages hatte er eine Idee. Er schnitzte sich aus einem Stückchen Holz eine Flöte und begann darauf zu spielen. Der Junge suchte sich ein einsames Platzerl aus, da konnte er spielen, soviel er wollte, denn er störte niemanden. Als er wieder einmal so versunken auf seiner Flöte spielte, da bemerkte er, wie kleine Tiere herangekrochen kamen und ihm zuhörten. Von da an spielte er nur noch für sie. Bald verstand er auch, was sie fühlten und redeten. Sie waren immer fröhlicher Dinge. Und wenn er aufhören mußte zu spielen, weil seine Mutter nach Hause kam, sagten die Tiere, daß sie sich schon auf morgen freuen würden. So ging es eine Zeit lang, und der Junge war glücklich. Er fühlte sich nicht mehr einsam.

Eines Tages aber kamen die Tiere langsam angekrochen und waren sehr traurig. Der Junge konnte noch so schön und lustig spielen, es half alles nichts. Sie fingen an zu weinen. Da fragte der Junge, warum sie so traurig wären. Die Tiere sagten, ihr König wäre erkrankt und liege ganz traurig danieder. Sie wüßten nicht, was ihm fehle, und es wurde verlautbart, wer den König aufheitern könnte und wieder zum Lachen brächte, bekäme eine ganz große Belohnung. Die Tiere meinten, der Junge solle mitkommen und vor ihrem König spielen. Es wäre nicht so weit und er käme schon zur rechten Zeit wieder nach Hause.
So bettelten die Tiere, bis der Junge mit ihnen ging. Der Weg führte durch einen ganz finsteren Wald zu einer Wiese. In der Mitte der Wiese stand ein Bett, und darauf lag der König, bleich und krank. Um ihn herum waren die Tiere und weinten. Der Junge setzte sich in die Wiese und fing an zu spielen, so wunderschön zu spielen, daß alle nach ihm schauten, denn sie wollten sehen, wer diese wunderbare Musik machte. Von nah und fern versammelten sich in Windeseile die Tiere aller Arten.

Auch der König richtete sich auf und horchte ganz versunken der Melodie. Er stand sogar auf und ging zu dem Jungen hin. Der König fragte den Jungen, wo er denn spielen gelernt habe, es sei so einzigartig und seelenvoll. Er bat ihn, wieder und wieder für ihn zu spielen, denn die Musik machte ihn gesund und die Tiere konnten wieder lachen. Er versprach ihm auch als Belohnung einen grossen Beutel voller Dukaten. Der Junge freute sich riesig. Mit diesem Gold müßte die Mutter nicht mehr jeden Tag arbeiten gehen, und sie könnten mehr Zeit miteinander verbringen. Der Junge sagte zu dem König, er wolle gerne für ihn spielen, aber nicht jeden Tag, denn er wollte seine Mutter nicht noch seltener sehen. Doch einmal in der Woche könnten ihn die Tiere an seinem alten Platz abholen, und er würde mit Freuden kommen. Der König war einverstanden und sie schieden in Eintracht. Die Tiere aber begleiteten ihn nach Hause und manchmal, so erzählen es die Spatzen noch heute, kam auch der König als Gast, wenn ihm die Woche zu lange schien, um dem Flötenspiel zu lauschen, das ihn wieder gesund gemacht hatte.

Der Wald des Zauberers

Es war einmal eine arme Mutter, die hatte drei Kinder. Der Vater war verunglückt, und so musste sie die Kinder alleine groß ziehen, und oft hatten sie fast nichts zu essen. Die Mutter wußte nicht, wo sie das Essen hernehmen sollte, und so gingen die Kinder manchmal in den Wald, um Beeren und Schwämme zu suchen. Im Wald war es nicht geheuer, denn es sollte ein böser Zauberer darin wohnen. Die Leute erzählten sich, wenn ein Mensch in seinen Bann geriete, der wäre verloren. Viele hatten die Warnungen nicht ernst genommen und waren niemals wieder gekommen. So sagte die Mutter zu den Kindern immer: „Bitte paßt auf und geht nicht zu weit in den Wald hinein, bleibt immer in der Nähe von unserem Häuschen." Der Hans war der Älteste und mußte auf die kleinen Schwestern aufpassen, auf das Vronele und das Röschen. Wieder einmal hatten sie nicht genug zu essen, und in der nahen Umgebung des Häuschens fanden die Kinder keine Beeren mehr. Die beiden Mädchen gingen tiefer in den Wald hinein, und obwohl Hans versuchte, sie zurückzuhalten, wanderten sie, von magischer Hand

geführt, weiter und weiter. Hans folgte ihnen widerstrebend. Auf einmal sahen sie eine Lichtung. Sie gingen darauf zu und wie staunten sie, denn da gab es Beeren und Pilze in Hülle und Füllen, und die ganze Luft war erfüllt von leisem Singen und Klingen. Sie schauten sich um, dann fingen sie an, die Beeren und Pilze zu sammeln und in ihrem Heißhunger auch zu essen.

Sie malten sich aus, wie die Mutter sich freuen würde, wenn sie so viele gute Sachen heimbrächten. Aber oh weh, sie waren in den Garten des Zauberers geraten und die Früchte waren alle vergiftet. Auf einmal wurden den Kindern die Füße so schwer, daß sie nicht mehr gehen konnten. Die Augen fielen ihnen zu und sie wußten nichts mehr von sich. Sie kamen erst wieder zu sich, als der Zauberer vor ihnen stand.

Dieser brüllte sie an, daß sie in seinen Garten eingedrungen wären und sie ihm fortan dienen sollten. Hänschen sollte den Ofen einheizen und die Stufen fegen. Das Vronele und das Röschen müßten seinen langen Bart kämmen, aber sie dürften ihm kein Haar ausreißen.

Von Zeit zu Zeit brüllte er, daß die Wände zitterten. Die Kinder fürchteten sich fast zu Tode. Unterdessen sorgte sich die Mutter, wo die Kinder solange blieben. Als die Kinder am Abend noch nicht zuhause waren, wußte die Mutter, daß etwas geschehen war und sie weinte und rief so laut um Hilfe, daß es im Wald widerhallte. Das hörte auch eine uralte, weise Frau. Sie kam zu der Mutter und fragte, was geschehen sei, warum sie so weine.
Da erzählte sie, daß ihre Kinder verschwunden seien. Sicher hätte sie der Zauberer erwischt und verzaubert, sagte sie. Da antwortete die weise Frau: „Es gibt eine Rettung." Die Mutter müsse in der Vollmondnacht zum Zauberer in den Wald gehen. Er dürfe sie ja nicht bemerken und sie dürfe sich auch nicht fürchten, denn die Angst würde er riechen. Um Punkt Mitternacht könne sie die Kinder befreien, denn da habe der Zauberer keine Macht über sie. Als es wieder Vollmond war, lief die Mutter in den Wald hinein und dachte nur an ihre Kinder und wie sehr sie sie liebte. Unbemerkt kam sie in das Haus des Zauberers.

Sie versteckte sich, bis die Turmuhr zwölf mal schlug. Da stürzte sie zu ihren Kindern, die sich ganz dicht beisammen in eine Ecke gedrückt hatten, und sie liefen so schnell sie konnten nach Hause. Wie froh war die Mutter, daß sie die Kinder wieder hate, und sie schwor sich, die Kinder nie mehr allein zu lassen. Daheim erzählten die Kinder, was sie erlebt hatten. Die Mädchen erzählten auch, daß sie alle Barthaare, die sie versehentlich beim Kämmen ausgerissen hätten, in den Schürzensack getan hätten, damit sie der Zauberer nicht sah. Sonst hätte er sie gar arg bestraft, und damit die Mutter das auch glauben sollte, wollten die Mädchen ihr die Haare zeigen. Wie staunten sie, daß sie anstatt der Haare lauter feine Goldfäden aus dem Schürzensack zogen. Die Haare hatten sich in Gold verwandelt. Und so brauchten sie nie mehr zu hungern und konnten immer zusammen bleiben.

Das Zwergenreich

Es ging einmal vor langer Zeit ein junger Bursch in einem Wald spazieren. Nebel kam auf und die Sicht wurde schlechter und schlechter. So kam er vom Wege ab und irrte umher. Auf einmal hörte er ein Geräusch, als wenn jemand einen schweren Gegenstand bewegen würde. Der Bursch blieb stehen und lauschte. Dann ging er dem Geräusch nach und sah ein winziges Zwerglein, das einen schweren Sack in eine Höhle ziehen wollte, es aber bei aller Mühe nicht schaffen konnte. Der Sack war viel zu schwer. Der Bursch sah dem Zwerglein eine Weile zu und hatte schließlich Erbarmen mit ihm und fragte, ob er ihm helfen könnte. Das Zwerglein sah den Burschen an, sagte, es wäre sehr froh, aber er könnte nicht in die Höhle hinein, dafür wäre er ja viel zu gross. Das sah der Bursch ein. So fragte er das Zwerglein, was man da machen könnte. Das kleine Wesen dachte nach und sagte, es wüsste schon wie, aber der Bursch müsste ihm ganz vertrauen. Am Ende bekäme er noch eine große Belohnung. Der Bursch glaubte dem Zwerglein und willigte ein.

Das Zwerglein murmelte etwas in seinen Bart hinein, und der Bursch spürte, wie er immer kleiner und kleiner wurde, bis er so klein wie das Zwerglein war. „Na, wenn das nur gut geht“, dachte er bei sich. Beide hoben zusammen den Sack auf und trugen ihn in die Höhle hinein. Im Innern der Höhle weitete sich der Stollen, und sie kamen in einen großen Saal. Da drinnen wimmelte es von kleinen Zwerglein, und in der Mitte des Saales stand ein Thron. Der Stollen und der Saal waren von unzähligen Fackeln und Laternen erleuchtet. Am Thron saß der König der Zwerge in herrlichen Gewändern. Der Bursch und das Zwerglein legten den schweren Sack zu des Königs Füssen ab. Der König war hocherfreut, denn er hatte schon ungeduldig darauf gewartet. Das Zwerglein berichtete dem König, wie es ihm ergangen war und daß er, ohne die Hilfe des Burschen, den Sack nicht herbeischaffen hätte können. Ein bißchen zaghaft gestand das Zwerglein dem König, daß es dem Burschen eine Belohnung versprochen hatte. Der König nickte und bat das Zwerglein den Sack zu öffnen, und dem Burschen gingen die Augen über.

Der Saal war schon hell erleuchtet gewesen, doch nun überstrahlte der Inhalt des Beutels alle Fackeln ums Hundertfache. Im Sack waren lauter Perlen und Edelsteine, leuchtende Metalle und Gold. Der König dankte dem Zwerglein und dem Burschen für ihre Hilfe und versprach dem Burschen auch seine Belohnung. Aber vorher müsse er etwas essen und trinken und sich von der Plage erholen. Das Zwerglein ging mit dem Burschen in die Küche. Dort bekamen sie zu essen, was sie sich nur wünschten. Davon wurde der Bursch müde und schlief ein. Als er wieder erwachte, saß das Zwerglein bei ihm. Es sagte zum Burschen, daß es ihn hinaus begleiten würde, ihm aber die Augen verbinden müsse. So geschah es auch. Als sie eine Weile gegangen waren, sagte das Zwerglein: „Nimm die Binde ab." So nahm er die Augenbinde ab und blickte sich um. Er sah kein Zwerglein mehr, es war verschwunden. Der Bursch bemerkte, daß er gar nicht weit von zuhause entfernt war. Er sah an sich hinunter. Er war so groß wie immer.

Der Bursche dachte: „Habe ich das nur geträumt oder was ist mit mir los?“ Auf einmal bemerkte er etwas Schweres in seiner Hosentasche. Er griff mit der Hand hinein und als er sie wieder herauszog, waren lauter Dukaten in der Hand. Er jauchzte vor lauter Freude. Nun waren er und seine Eltern reiche Leute. Er teilte seinen Reichtum auch mit den Armen. Er hatte trotzdem immer genug, um sorgenfrei zu leben.

Heiligabend

Es war vor vielen Jahren ein kleiner Junge, der ganz fest ans Christkind glaubte. Es war Weihnachtszeit, und der kleine Franzi fragte seine Eltern immer wieder, ob das Christkind auch zu ihnen kommen würde, er sei ja so brav in der Schule und auch zu Hause. Die Eltern trösteten ihn, er solle abwarten. Wie konnten sie ihm sagen, daß sie sich keinen Baum leisten konnten und auch keine Geschenke. Der Vater war schon so lange arbeitslos, und sie mußten sich mit ganz wenigem begnügen. Aber das konnte der kleine Franzi nicht begreifen, da er ja ans Christkind glaubte, und diesen Glauben wollten ihm seine Eltern keinesfalls nehmen.

Da ging der Vater eines Abends aus dem Haus und dachte nach, wie es doch möglich wäre, nur ein ganz kleines, geschmücktes Bäumchen für sein liebes Kind zu bekommen. So ging er ganz versunken eine Straße entlang. Da vernahm er plötzlich lautes Schellen, und schon sah er ein Pferdegespann mit einem Schlitten zügellos daherkommen. Der Kutscher hatte die Macht über die Pferde verloren.

Der Mann nahm allen Mut zusammen, stellte sich den Pferden entgegen und hängte sich in die Zügel. Die Pferde schleiften ihn ein Stück weit mit, kamen aber dann zum Stehen. Der Mann richtete sich auf und schaute in den Schlitten. Er sah eine Frau darauf und ein ganz kleines Mädchen. Der Frau stand der Schrecken ins Gesicht geschrieben. Langsam stieg sie ab und wandte sich dem Manne zu. Sie konnte fast nicht sprechen, denn der Schock saß zu tief. Der Kutscher beruhigte die Pferde, so daß sie wieder weiter fahren konnten.

Die Frau bedankte sich recht herzlich für die Rettung und fragte, was er für einen Wunsch hätte. Sie würde ihn gerne erfüllen. Der Vater hatte nur einen Wunsch: Ein kleines Bäumchen und Spielzeug für seinen Jungen. Die Frau versprach, ihm diesen Wunsch zu erfüllen.

Frohen Mutes ging er nach Hause.

Doch als der Heilige Abend anbrach und die Frau nichts von sich hören ließ, glaubte der Mann, die Frau hätte seinen Jungen vergessen.

Doch als der Franzel wieder fragte, wann denn nun endlich das Christkind käme, brachte er es nicht übers Herz zu sagen, gar nicht. Die Eltern erklärten dem Franzel, das Christkind hätte so viel zu tun, es könnte etwas später werden.
Der Franzel saß am Fenster und schaute angestrengt hinaus, um ja das Christkind nicht zu verpassen. Durch das viele Schauen wurde er müde und schlief ein.
Die Mutter brachte ihn ins Bett.
Der Franzel war kaum eingeschlafen, als sie einen Schatten auf das Häuschen zukommen sahen.
Und schon klopfte es an der Tür, und die Frau aus der Kutsche kam herein. Sie trug ein Bäumchen, das mit Äpfeln und Sternen wunderschön geschmückt war, einen großen Korb voller Eßwaren und auch Spielzeug. Die Frau bedankte sich noch einmal für die Rettung, und die Eltern weinten vor Erleichterung.
Als der Franzel am nächsten Morgen aufwachte, sah er das Bäumchen und das viele Spielzeug.

Seine Freude kannte keine Grenzen und er nahm sich ganz fest vor, am nächsten Weihnachtsfest keinesfalls schlafen zu gehen, um nur ja das Christkind nicht zu verpassen. Die Eltern aber sagten: „Es ist ein Weihnachtswunder geschehen. Das Christkind hat den Vater zur richtigen Zeit an den richtigen Ort geschickt .“

Die Köhlerstochter

Es war vor langer, langer Zeit, als noch Kohle gebrannt wurde, da lebten ein Köhler mit seinem Weibe und seinem Töchterchen in einem tiefen, finsteren Wald. Der Vater arbeitete Tag und Nacht. Er machte seine Meiler, brannte die Kohle und seine Frau half ihm dabei, so gut sie nur konnte. Für das Töchterchen blieb oft keine Zeit. Es war meistens sich selbst überlassen und spielte gerne mit den Tieren. Sie waren so zutraulich und ließen sich alles gefallen.

Das Mädchen wußte gar nicht, daß es noch andere Kinder gab. Einmal nahm es der Vater aber doch mit, als er seine Kohle verkaufen ging. Wie staunte das Mädchen, als es so viele Leute sah. Als es andere Kinder beim Spielen sah, wollte es gleich mitspielen. Es kannte keine Scheu. Doch die Kinder sagten: „Geh weg, du kleines schmutziges Ding." Das Mädchen war ein wenig rußig, wie der Vater auch, und zum ersten mal in seinem Leben schämte sich das Mädchen. Nie mehr wollte es unter Menschen sein. So verging die Zeit, und aus dem Kind wurde eine wunderschöne, junge Frau.

Sie weigerte sich, den Wald zu verlassen, und die Eltern machten sich grosse Sorgen, was aus ihr werden würde, wenn sie einmal nicht mehr wären. Da kam ihnen der Zufall zu Hilfe. Eines Abends, als es schon fast finster war, kam ein Reiter auf das Häuschen zu und fragte, ob er über Nacht bleiben könnte. Er hätte sich verirrt und könne erst am Morgen weiter reiten. Die Köhlersleute sagten ja und luden ihn ins Häuschen ein. Wie staunte er, als er den armseligen Raum betrat und ein so wunderschönes Mädchen erblickte. Den ganzen Abend konnte er den Blick nicht von ihm lassen. Am nächsten Morgen bedankte er sich bei den Eltern. Dem Mädchen jedoch gab er die Hand und versprach, daß er wieder kommen wolle. Es konnte es kaum glauben, aber in seinem Herzen hatte sich ein Lichtlein entzündet. Tag und Nacht dachte es an den schmucken Jüngling. Auch der junge Bursch konnte sie nicht vergessen. Er schwärmte seinen Eltern von dem Mädchen vor und schwor, daß er keine andere heiraten würde. Sie aber sagten, das ginge nicht, denn sie besassen große Ländereien und das Mädchen wäre so arm.

Da wurde der Bursch vor Sehnsucht nach dem schönen Mädchen krank und war dem Tode nahe. Da beschlossen seine Eltern, das Mädchen zu holen. Wo es wohnte, wußten sie von dem Sohn. Der Vater klopfte an des Köhlers Häuschen und wurde herzlich empfangen. Solche Armut hatte er noch nie gesehen.

Doch als er die Anmut und den Liebreiz des Mädchens sah, wurde ihm ganz warm ums Herz, und er konnte seinen Sohn verstehen. Er erzählte dem Mädchen von seinem kranken Sohne und bat es um Hilfe. Das Mädchen machte sich sofort auf die Reise, und als sie beim Haus des Burschen ankamen, war er schon sehr schwach. Doch als er das Mädchen sah, erhellte sich sein Gesicht und von dieser Stunde an genas er. Als er wieder ganz gesund war, wurde die Hochzeit beschlossen. Mit einer Kutsche, vor die zwei Schimmeln gespannt waren, holten sie die Eltern ab. Das Hochzeitsfest dauerte drei Tage lang. So ist aus dem armen, schmutzigen Mädchen eine glückliche Frau geworden.

Wahre Liebe

Es war einmal ein Königspaar, das hatte eine Tochter. Die Prinzessin war sehr schön und stolz, aber in der Seele war sie ein ganz ungewöhnliches Mädchen. Sie war sehr neugierig, und immer wollte sie alles wissen und verstehen. Von den Eltern wurde sie in allem unterstützt. Sie brauchte sich von niemanden etwas gefallen zu lassen. Sie tat, was ihr gefiel und eine Zeit lang ging alles gut, da sie noch klein war. Aber je älter sie wurde, umso schlimmer wurde es mit der Prinzessin, immer stolzer und herrschsüchtiger wurde sie. Die Dienstboten hatten schon Angst, wenn sie läutete, meistens hatten sie wieder etwas falsch gemacht. Die Angestellten der Prinzessin wechselten oft und schon bald wollte niemand mehr im Schloss beschäftigt sein. Der König und seine Gemahlin kamen zu dem Schluß, dass sie die Tochter nicht richtig erzogen hatten und erlegten ihr strengere Regeln auf. Als die Prinzessin ins heiratsfähige Alter gekommen war und die Prinzen sich um ihre Hand bemühten, bemerkte das Königspaar einmal mehr, wie schwierig ihre Tochter geworden war. Denn an allen Prinzen hat sie etwas auszusetzen.

Im ganzen Königreich, und darüber hinaus, war sie als die Prinzessin"Das will ich nicht und das passt mir nicht" bekannt. Und doch hatte sie einen stillen Verehrer. Er kannte sie schon, seit er denken konnte. Es war der Gärtnerjunge und immer stellte er ihr die schönsten Blumen ins Zimmer, und wenn wieder ein Freier kam, war ihm ganz schwer ums Herz. Anders als zu anderen, war sie zu ihm auch immer lieb und nett. Sie verbrachte viel Zeit im Freien, denn sie liebte die königlichen Gärten, und stundenlang saß sie versunken im Blütenmeer und betrachtete die Blumen. Der Gärtnerjunge beobachtete sie oft und wünschte zu wissen, was sie dachte. Sie aber träumte von einem Leben, in dem sie keine Prinzessin war, niemand ihr hofierte, weil er es mußte, und sie frei und ungehindert einfach Dinge tun konnte, die eine Prinzessin nicht durfte. Sie liebte es, barfuß durch den Park zu laufen, Bäume zu umarmen, unter den Sternen zu schlafen. Doch immer wieder hörte sie nur, daß dies einer Prinzessin nicht gezieme. Auch sah sie oft in die Herzen der Menschen, und sie erkannte die Gier und den Neid in ihren Augen, während sie ihr den Hof machten.

Sie wollte um ihrer selbst willen geliebt werden, und trotz des ganzen Hofstaats fühlte sie sich von Tag zu Tag einsamer. So zog sie sich mehr und mehr zurück und erschien dadurch noch stolzer und noch unnahbarer. Auf einmal hieß es im Königreich, daß die Prinzessin schwer krank sei und die königlichen Eltern ganz verzweifelt wären. Alle Ärzte im ganzen Land wußten nicht, was ihr fehlte, denn keine Medizin, die sie ihr einflößten, hatte etwas an ihrem Zustand verändert. Von Tag zu Tag verlor sie mehr Lebenskraft. Sie konnte nichts essen, konnte nicht schlafen und irgendwann hörte sie auch auf zu sprechen. Da ließen der König und die Königin im ganzen Land verlauten, wer die Prinzessin retten könnte, bekäme sie zur Frau. Viele wollten ein Allheilmittel haben, aber keiner konnte ihr helfen. Nun kam dem Königspaar die Kunde zu Ohren, daß, weit entfernt von ihrem Reiche, auf einem hohen Berg ein seltener Baum wachse, dessen Früchte die Prinzessin retten könnten. So machten sich viele Prinzen auf die Suche nach diesem Baum, und auch der Gärtnerjunge machte sich auf den Weg. Denn er liebte die Prinzessin sehr.

Aber der Weg zu diesem Baum war lang und schwer. Viele Täler mußten durchwandert, viele Berge überwunden und viele Flüsse überquert werden. Viele kehrten schon auf halbem Weg um, denn sie waren den Strapazen nicht gewachsen. Der Gärtnerjunge war unter den wenigen, deren Wille noch standhielt. Nach vielen Wochen kam er zu dem Berg, auf dessen Gipfel der Baum stand.
Er schaute hinauf und dachte: „Wie um alles in der Welt komme ich da hinauf? Das ist unmöglich.“ Er war vom Wandern müde und wollte sich am Fuße des Berges zur Ruhe legen. Er hoffte, daß es am anderen Tag nicht so trostlos aussähe. Er suchte einen geschützten Platz, wo er sich ausruhen konnte. Auf einmal, er hatte schon eine Zeitlang geschlafen, erwachte er von einem Geräusch.
Er hörte in seiner Nähe ein leises Sprechen und nach genauem Hinsehen bemerkte er zwei kleine Gestalten. Es waren Zwerge, und der eine sagte zum anderen: „Bald bist du an der Reihe und mußt deinen kleinen Finger opfern, damit wir den Berg öffnen können, denn im Inneren des Berges führt eine Treppe zu dem Baum hinauf.“

Kurze Zeit später sah er, wie sich der eine Zwerg einen Finger abhackte und damit auf eine kleine Tür zuging. Er steckte den Finger in das Schlüsselloch, drehte ihn, und die kleine Tür ging auf. Die Zwerge verschwanden im Berg. Der Gärtnerjunge schlich sich zur Tür und schaute genau, wo sie war, dann ging er ein Stückchen weiter weg und wartete, was kommen würde. Nach einer Weile kamen die Zwerglein wieder heraus. Sie hatten in ihrer Hand je eine Blüte, und sie sagten, jetzt würden ihr König und die Königin wieder genesen, denn nun könnten sie die heilenden Blüten essen. Dann verschwanden sie und alles war wieder ruhig. Auch der Gärtnerjunge schlief wieder ein und als er erwachte, war es heller Tag. Er dachte eine Zeit lang nach, denn er wußte nicht, ob das, was er nächtens gesehen hatte, wahr wäre, oder er nur geträumt hätte. So ging er zu einem kleinen Bächlein, wusch sich, aß ein Stückchen Brot und trank das klare Wasser. Nun machte er sich auf die Suche nach dem kleinen Türchen. Lange suchte er, fand es aber nicht. Er dachte sich, er hätte die Lösung wirklich nur im Traum erlebt, und war ratlos.

Er wollte schier verzweifeln. Vor ihm stand dieser Berg, er sah sogar den Baum, doch konnte er nicht hinauf. Der Berg war zu glatt und steil. Da sah er plötzlich ein kleines Vögelein immer an einem Ort auf und ab fliegen. Er begab sich zu jener Stelle und sah anstelle des Vogels das kleine Türchen. Nun wußte er, daß es kein Traum gewesen war, was er letzte Nacht gesehen hatte. Der Junge betrachtete seinen kleinen Finger und hoffte im Stillen, daß er wohl passen würde. Und er dachte an seine Prinzessin und kein Opfer war ihm zu groß. Er fand eine Axt auf dem Boden liegen, und der Junge hackte sich den kleinen Finger ab und probierte, das Türchen aufzusperren. Und siehe da: es ging. Er machte die Türe auf und sah eine steile Treppe, die nach oben führte. Wie viele Stufen es waren, hatte er nicht gezählt, er war nur überglücklich, als er oben ankam. Er sah den blühenden Baum und ganz behutsam pflückte er eine Blüte und barg sie an seinem Herzen. Ganz selig stieg er die Treppen wieder hinunter und sperrte das Türchen wieder zu. Ihn zog es jetzt nur mehr nach Hause. Er wanderte Tag und Nacht.

Als er das Schloss von weitem sah, wurde ihm ganz bang. Alles war so ruhig und still. Er kam näher und fragte ein paar Leute, wie es der Prinzessin ginge. „Ganz schlecht, sie ist dem Tode geweiht“, war die Antwort, und er nahm alle Kraft zusammen und kam endlich zum Schloss. Der König und die Königin saßen bei ihrer Tochter, hielten sie bei der Hand und weinten. Der junge Gärtner näherte sich dem Königspaar und sagte: „Ich habe die Blüte des Lebens, wenn die Prinzessin davon ißt, wird sie gesund.“Sie nahmen die Blüte, sahen ihn an und nickten sich zu. Ganz sanft schoben sie der Prinzessin die Blüte in den Mund. Wie staunten sie, als sich die Wangen der Prinzessin röteten und sie die Augen aufschlug. Da flogen der König und die Königin ihrer Tochter um den Hals und weinten vor Freude. Sie legten die Hand des jungen Mannes in die Hand ihrer Tochter. Sie fragten, warum der kleine Finger fehle.Er sagte, den habe er aus Liebe zur Prinzessin geopfert. Die Prinzessin schaute den Jungen an, zog ihn zu sich hinab und gab ihm einen Kuß.

Sie war einverstanden, seine Frau zu werden, denn endlich hatte sie die wahre Liebe gefunden. Das junge Paar regierte das Volk mit Liebe und Güte, und keiner konnte es mehr glauben, daß die junge Königin früher als so stolz und herrschsüchtig galt. Sie lebten in einem bescheidenen Haus in den Gärten des Palastes und manchmal, so sagten die Eulen, sah man das Paar auf einer mondbeschienenen Lichtung, wo sie sich tief und inniglichst küßten.

Das Natterkrönlein

Es war einmal ein Bauer, der besaß einen ganz großen Bauernhof. Darauf hauste er mit seiner Frau, Kindern, Knechten und Mägden. Er war der reichste Bauer weit und breit in der ganzen Gegend. Er hatte den Besitz von seinem Vater geerbt, der ein rechtschaffener Mann war. Wenn der Bauer seine Nachbarn beobachtete und sah, daß sie mit all ihrer Arbeit arm blieben, so fühlte er sich mächtig stolz. Er dachte, so arm möchte ich nie sein. Obwohl der Bauer alles in Hülle und Fülle hatte, war er sehr geizig . Den Armen half er, wenn sie ihn um Hilfe baten, aber nicht aus Mitleid und Güte, sondern er ließ sich alles mit Wucherzinsen zurück zahlen. Auch seinen Knechten und Mägden war er kein gütiger Herr. Der Bauer war herrschsüchtig und darunter litt auch ein ganz armes Mädchen, das bei ihm im Dienste stand. Es mußte die Kühe melken und Haus und Hof sauber halten. Jedesmal, wenn das Mädchen die Kühe fertig gemolken hatte, gab sie immer in eine Schale etwas Milch und stellte sie auf den Boden. Das Mädchen ließ das bißchen Milch den Katzen zukommen.

Obwohl der Bauer schimpfte und ihr Strafdienste auferlegte, tat das Mädchen es alle Tage, denn es hatte Mitleid mit den Katzen. Zu dem Schälchen kam seit einigen Tagen auch eine Natter und schlürfte von der Milch. Das Mädchen ließ die Natter trinken und es hatte keine Angst vor ihr. Aber als der Bauer sie einmal sah, nahm er einen Stock und schlug nach ihr. Das Mädchen hatte Erbarmen mit der Natter und es fütterte sie an einem geheimen Ort.

Und die Natter kam auch immer wieder. Doch seit dem Tag, als der Bauer nach der Natter geschlagen hatte, ging eine Veränderung auf dem Hofe vor. Mal war eines der Kinder krank, oder es gab beim Vieh eine Seuche. In Jahresfrist waren die meisten Tiere verendet. So mußte der Bauer Knechte und Mägde entlassen, weil er sie nicht mehr bezahlen konnte.

Darunter war, auch das Mädchen.Es wußte nicht, wo es um Arbeit fragen sollte, weil es niemanden kannte. Ihre Eltern waren gestorben, als sie noch sehr klein war und sie hatte den Hof noch nie verlassen.

Das Mädchen setzte sich auf dem Melkschemel und weinte. Auf einmal kam die Natter herbei, richtete sich auf, neigte den Kopf in die Hand des Mädchens und verschwand, so schnell wie sie gekommen war.
Die Magd wußte nicht, wie ihr geschah.
Es schaute auf seine Hand und sah darin etwas glitzern.
Als das Mädchen genauer hinsah, erblickte es ein ganz winziges Krönlein.
Es betrachtete es von allen Seiten und sagte zu sich, daß es das Schönste sei, was es je gesehen hatte. Niemals würde es das Krönlein verkaufen ,auch wenn es ihm noch so schlecht ginge. Als das Mädchen vom Schemel aufstand, spürte es zum ersten Mal eine Kraft in sich und das Vertrauen, alles schaffen zu können. So zog es die junge Frau weg vom Hof. Sie packte ihre wenigen Habseligkeiten und fand auch bald darauf eine neue Arbeit.Nach einiger Zeit lernte sie einen gütigen Mann kennen und lieben. Sie heirateten und bekamen zwei süße Kinder. Es ging ihnen immer gut und sie waren sehr, sehr glücklich.

Das Krönlein hob die Frau immer gut auf. Manchmal nahm sie es in die Hand, schaute es an und dankte im Stillen der Natter, denn sie wußte, mit dem Krönlein hatte ihr Glück begonnen.

Das Blumenelein

Es lebte einmal vor langer Zeit ein kleines Mädchen mit seinen Eltern in einem Häuschen am Waldrand. Es war gerade mal vier Jahre alt. Ihre Mutter hatte Geburtstag, und so beschloß die kleine Marie ihr auf der Wiese um das Häuschen einen kleinen Blumenstrauß zu pflücken. Das Mädchen kam auch in die Nähe des Waldes. Marie, sah vereinzelnd im Wald Blumen stehen, die ihr so schön schienen, daß sie sie unbedingt ihrer Mutter bringen wollte. So kam sie tiefer und tiefer in den Wald hinein. Auf einmal stand sie vor einer kleinen Wiese, darauf blühten so selten schöne Blumen. „Mutter wird sich bestimmt über die herrlichen Blumen freuen", dachte die kleine Marie und schickte sich an, sie zu pflücken. Auf einmal hörte Marie ein leises Stimmchen rufen: „Bitte rette mich, du drückst mich so fest, dass ich bald keine Luft mehr bekomme!" Das Stimmchen kam aus dem Sträußchen. Das Mädchen lockerte die Hand und die Blumen fielen auseinander. Da sah das Mädchen, daß ein Elflein heraus purzelte.

Überschwenglich bedankte sich die Elfe für die Rettung. Sie gab dem Mädchen ein kleines Ringlein und sprach: „Das Ringlein erfüllt dir drei Wünsche. Aber bedenke es gut, wenn du das Ringlein berührst und einen Wunsch hast, so ist er sogleich erfüllt. Darum achte sehr darauf, daß du nicht einen unnützen Wunsch äußerst.“ Marie bedankte sich und ging noch tiefer in den Wald hinein. So kam sie zu einem grossen See. Dahinter sah sie ein wunderschönes Schloß. Im Garten spielten einige Kinder mit einem Ball und sie waren sehr lustig und fröhlich. Marie wünschte es sich von Herzen mit ihnen spielen zu können. Im selben Moment war sie auch schon im Garten bei den Kindern und spielte lustig mit. Niemand schien ihre Anwesenheit zu wundern, auch sie selbst hatte das Gefühl, schon immer dort gewesen zu sein. Nach einiger Zeit kam eine wunderschöne Frau heraus. Es war die Königin und sie rief: „Kommt alle herein, es ist Zeit für Kuchen und Kakao. Die Kinder liefen ins Schloß hinein, und ein Knabe nahm Marie an der Hand und zog

sie mit sich. Es war der Prinz. Die Königin fragte das Mädchen, woher es käme, doch das Mädchen schüttelte verunsichert den Kopf. Der Prinz erzählte der Mutter, sie wäre auf einmal dagewesen und er wolle sie immer zur Gespielin haben, und so kam es, daß Marie fortan im Schloss lebte. Die Jahre vergingen und sie wuchs zu einem liebreizenden Fräulein heran. Auch der Prinz war ein edler Jüngling geworden. Eines Tages lud das Königspaar alle Mädchen vom ganzen Königreich ein. Der Prinz sollte ein Mädchen wählen, das er zu seiner Braut machen wollte. Als die Eltern ihn fragten, für welche er sich entschieden hätte, sagte er, keine hätte ihm so gefallen wie seine Gespielin. Marie wolle er zu seiner Frau machen, sonst keine. Das Königspaar war nicht sehr überrascht, denn sie hatten das Mädchen wie eine Tochter lieb gewonnen. So wurde das Hochzeitsfest vorbereitet. Das ganze Volk wurde eingeladen. Sie fragten das Mädchen, ob es ganz alleine sei oder ob ihr doch jemand einfalle, den sie einladen könnte. Marie dachte lange nach, da plötzlich erwachte sie, wie aus einem Traum, und

sagte: „Natürlich, ich habe Eltern, sie wohnen in einem kleinen Häuschen am Waldesrand, wie konnte ich sie nur solange vergessen!" Sie wünschte sich von Herzen, daß sie zur Hochzeit von einer Kutsche abgeholt werden sollten und sie erinnerte sich an das Ringlein und berührte es. Schon kamen die Eltern mit einer wunderschönen Kutsche vorgefahren. Die Braut stellte die königliche Familie ihren Eltern vor und erklärte ihnen ihre lange Abwesenheit. Die Eltern, überglücklich, sie am Leben zu sehen, meinten, das Vergessen wäre wohl der Preis für die Wunscherfüllung gewesen. Denn damals sagte man, daß magische Geschenke immer einen Preis hätten, eine Nebenwirkung, mit der man nie rechnen könnte. Schließlich nahmen sich alle in die Arme, und der Prinz bat die Eltern um die Hand ihrer Tochter. Sie sagten mit großer Freude und Ehrerbietung zu. Als die Hochzeit vorüber war, baten die Eltern darum, wieder in ihr Häuschen gebracht zu werden und bedankten sich für alles.

„Bitte, kommt uns bald einmal besuchen", sagte die Mutter. Tochter und Schwiegersohn versprachen es, und als das erste Kind geboren wurde, besuchten sie die Eltern. Wieder war es eine große Freude und das Glück leuchtete allen aus den Augen. Der dritte und letzte Wunsch blieb offen. Marie bewahrte das Elfenringlein gut auf und wenn die Zeit gekommen war, würde sie das Ringlein ihrer Tochter weitergeben, auf daß sich ihr Herzenswunsch erfülle.

Das alte Mütterlein

Es war einmal vor langer Zeit, da klopfte es spätabends bei einem reichen Gutsherrn an die Türe. Der Gutsherr murmelte: „Wer ist denn zu so später Stunde noch unterwegs?" und äußerst ungehalten öffnete er die Tür und starrte auf ein altes Mütterchen, das draussen stand. Das Mütterchen fragte ganz leise, ob es was zu essen haben und in einem kleinen Winkel schlafen könnte. Sie schaute ihn mit ganz erschrockenen Augen an, aber da schrie er schon, sie solle sich zum Teufel scheren, für ein altes Weib hätte er nichts übrig. Sie solle schauen, daß sie von seinem Hofe käme, sonst wolle er die Hunde auf sie hetzen. Das Mütterchen weinte leise und ging schnell von dannen.

Als es eine Weile gegangen war, sah es ein windschiefes Häuschen stehen, aus dessen Fenstern ein Lichtschein fiel. Auch hier klopfte die alte Frau sachte an die Tür und es erklang ein freundliches Herein und die Tür, wurde aufgetan. Ein netter Mann bat sie einzutreten. Auch hier bat sie schüchtern um ein wenig zu essen und um ein Plätzchen zum Schlafen.

Der freundliche Mann rief seine Frau, die nebenan im Zimmer war, sie solle dem Mütterchen was zu essen geben und ein warmes Plätzchen zum Schlafen richten. Die Frau kam heraus und sagte liebevoll, das Mütterchen solle sich setzen, es werde alles gleich fertig sein. Die alte Frau sah sich den Raum genau an. Er war ärmlichst eingerichtet, aber sehr sauber. Als sie gegessen und sich schlafen gelegt hatte, dankte sie den lieben Leuten und sagte, sie wolle ihnen alles vergelten. Auch das Ehepaar wünschte dem Mütterchen eine gute Nacht.

Am nächsten Morgen machten sie ihre Arbeit ganz leise, sodaß sie das Mütterchen nicht aufweckten. Das Ehepaar hatte auch ein Mädchen, das lachte und rief nach seinem Fläschchen, und davon wurde das Mütterchen wach.

Die Sonne schien schon zum Fenster herein.

Das Kind ging ohne Scheu auf die Alte zu und ließ sich auf ihrem Schoß nieder. Das rührte die alte Frau zu Tränen.

Sie bekam, ohne daß sie darum gebeten hätte, ihr Frühstück, und die Eheleute fragten sie, wo sie hin wollte.

Sie sagte nirgends, aber da sie nimmer arbeiten könne, müßte sie von Haus zu Haus gehen und um ein bißchen Nahrung und um ein Plätzchen zum Schlafen bitten. Da sagten die beiden, sie solle doch bleiben. „Wenn wir auch arm sind, für dich wird es noch reichen. Außerdem hätte unser Kind eine Großmutter und es wäre nicht allein, wenn wir auf dem Feld arbeiten." Das Mütterchen sagte mit Freuden zu. Sie erholte sich auf wundersame Weise und bald schon half sie auch im Haushalt mit. Das Kind hatte sie gleich in ihr Herz geschlossen und umgekehrt war es genauso. So führten sie alle ein schönes Familienleben. Wie es das Schicksal wollte, lief plötzlich alles besser. Sie konnten mehr ernten und mehr verkaufen. Sie konnten ein wenig Geld auf die Kante legen und nach ein paar Jahren hatten sie schon ein ganz schönes Sümmchen beisammen.

Der reiche Bauer hingegen, der das arme Mütterchen abgewiesen hatte, hatte von diesem Zeitpunkt an gar kein Glück mehr.

Der Hagel zerschlug die Ernte, und unter dem Vieh brach eine Seuche aus und es mußte notgeschlachtet werden. So hieß es bald, er müsste Wälder und Wiesen verkaufen und davon hörte auch der ehemals arme Keuschler. Da er nun Geld hatte, ging er hin und kaufte ein paar Felder dazu. Nach ein paar Jahren wieder ein paar, so war er bald der reichste Bauer und der ehemals Reiche der Ärmste. Warum war es so gekommen? Das alte Mütterchen war eine gute Fee. Sie hatte den reichen Bauern bestraft, weil er so geizig und hartherzig war, und die Armen für ihre Güte und Liebe belohnt.

Der herrschsüchtige König

Vor langer, langer Zeit herrschte ein grausamer König über das Reich. Zu seinen Untertanen war er böse und gewalttätig. Die Leute fürchteten ihn sehr und wünschten ihm nichts Gutes. Auch die Königin und der kleine Prinz hatten sehr unter der Herrschsucht des Königs zu leiden. Die Königin wollte den Armen oft etwas Gutes tun, aber das mußte alles ganz heimlich geschehen. Der König durfte davon nichts erfahren, denn dann gab es ein Donnerwetter, daß die Schlossmauern zitterten. Der König zog wieder mal aus, um Krieg zu führen. Er wollte reiche Beute machen und als Sieger heimkehren. Aber es kam ganz anders. Der König wurde gefangen genommen und von den Feinden auf ihre Burg gebracht. Dort wurde er mit seinen Soldaten in den Kerker geworfen. Zu essen bekamen sie fast nichts.
Auch die Behandlung war sehr schlecht. Sie wurden streng bewacht und unter den Bewachern waren manche überaus grausam. Einer war darunter, der gerecht war.

Er teilte die Suppe und das Brot gerecht auf, schlug auch nicht mit Gewalt auf die Gefangenen ein. Der König dachte oft an seine Frau, die Gutes tun wollte, und daß er sie immer daran gehindert hatte. Jetzt könnte auch er eine milde Gabe gebrauchen. Oft saß der König auf dem Boden und war sehr traurig. Dann sagte er zu den Bewachern, er wolle ihren Herrn Grafen sprechen. Nach langer Zeit wurde der Kerker geöffnet, und der König wurde vor den Grafen geführt. Der Burggraf saß mit seinen Rittern an einer festlich gedeckten Tafel, und sie hatten zu essen und zu trinken, in Hülle und Fülle. Dem König lief das Wasser im Munde zusammen, denn er dachte, nun würde er sich auch mal satt essen können. Aber weit gefehlt.

Der Graf warf ein paar Brocken auf den Boden und befahl dem König, er solle sie aufheben und sie essen. Obwohl der König sehr hungrig war, ließ dies sein Stolz nicht zu und er blieb stehen. Da wurde der Graf zornig und ließ den König wieder in den Kerker werfen. Von da an ging es den Gefangenen noch schlechter.

An der Tafel war auch die Tochter des Grafen anwesend und ihr war es sehr peinlich, daß der Vater den König so gedemütigt hatte. Als die Kunde von der Festnahme des Königs daheim auf seinem Schloß bekannt wurde, war das ganze Reich in großer Aufregung.
Obwohl er ein grausamer König und ein strenger Vater war, sorgte sich das Volk doch um den König und seine Getreuen.Der Sohn sagte zu seiner Mutter, der Königin, er wolle zur Burg des Grafen reiten, und sehen, wie er den Vater und seine Soldaten befreien könnte. Der Prinz ritt mit dem Segen der Mutter los. Er brauchte eine lange Zeit, bis er sein Ziel, die Burg, erreichte. Der Prinz hatte sich verkleidet und gab sich als wandernder Kaufmann aus.
Er hatte allerhand brauchbare Sachen zu verkaufen und ließ verlauten, daß er für die Tochter des Grafen etwas ganz Besonderes hätte, aber er wolle es nur ihr persönlich zeigen. Der Prinz hatte auf seinem Ritt zur Burg erfahren, daß die Tochter des Grafen ein warmherziges Menschenkind sei und daß sie Grausamkeit verabscheute.

Der Prinz vertraute auf ihr gutes Herz und hoffte, daß sie ihm helfen würde.
Vieles wurde ihm abgekauft und er kam auch zur Tochter des Grafen. Er fragte sie, ob sie sich alleine treffen könnten, er hätte etwas ganz Besonderes für sie. Die Tochter des Grafen sagte, sie könnten sich im Rosengarten treffen, am frühen Nachmittag. Der Prinz wartete schon voller Ungeduld auf sie. Sie fragte ihn, was er denn so Seltenes hätte, daß die anderen es nicht sehen dürften.
Da zeigte er ihr eine Halskette von so wunderschönen Perlen, wie sie die Tochter des Grafen noch nie gesehen hatte. Sie fragte, wo er die Perlen erworben hätte. Eine solche Kette von so großen Wert gäbe es nur einmal im Königreich, und sie gehörte bestimmt der Königsfamilie selbst, also mußte er sie gestohlen haben. Das konnte der Prinz nicht auf sich beruhen lassen und so gab er sich zu erkennen. Er erzählte ihr, daß er der Sohn des gefangenen Königs wäre.

Er wolle seinen Vater und seine Soldaten befreien, und er bitte sie von ganzem Herzen ihm zu helfen.
Der Dank dafür sei die Kette. Sie aber sprach, nicht um der Kette, sondern um der Barmherzigkeit willen, würde sie ihm helfen. Denn sie dulde das Verhalten ihres Vaters nicht. Grausamkeit könnte man nicht mit noch größerer Grausamkeit aus der Welt schaffen. Nun berieten der Prinz und das Burgfräulein, wie sie es, vom Grafen unbemerkt, anstellen könnten, die Gefangenen zu befreien. Die Tochter des Grafen meinte, sie wolle in die Weinbecher der Bewacher des Königs einen Schlaftrunk mischen, damit sie den Männern die Schlüssel abnehmen könnte, die immer die Türen auf und zu sperrten. Sie wußte einen unterirdischen Gang, durch den sie entkommen könnten. Denn bis die Bewacher munter würden und es bemerken könnten, würden sie nicht mehr einzuholen sein. Und so wurde es gemacht. Zum Abschied legte der Prinz dem Burgfräulein die Kette um den Hals und er versprach ihr, sie als seine geliebte Frau heim zu holen.

Der befreite König unterstützte dieses Unterfangen, und so lebten sie glücklich und zufrieden.
Aus dem herrschsüchtigen König war ein liebevoller und demütiger Regent geworden, und sein Volk lebte fortan in Frieden mit den Nachbarn..

Die Prophezeiung

Vor langer Zeit wurde erzählt, daß es einen hohen Berg gäbe und im Innern dieses Berges eine Prinzessin von einem bösen Zauberer gefangen gehalten würde. Der Sage nach wurde sie von zwei großen, schwarzen Hunden bewacht. Alles, was in die Nähe der Prinzessin kam, wurde von den Hunden zerfleischt. Mancher Königssohn hatte schon versucht, die Prinzessin zu befreien, aber es war alles vergebens. Die Hunde hüteten ihren Schatz gut. So hörte auch ein Hüterjunge davon. Er war ein schöner und starker Mann, gut und hilfsbereit. Als er wieder mal mit seiner Herde unterwegs war, kam er in ein ihm unbekanntes Land. Für seine Herde gab es saftige Wiesen und gutes Quellwasser. Der Hüterjunge dachte sich, hier wollte er mit seiner Herde bleiben. Auch für ihn gab es genug zu essen. Im Sommer ernährte er sich hauptsächlich von den Früchten auf den Bäumen und den Beeren auf der Wiese. Am Abend trieb er seine Herde zusammen und legte sich unter einem Baum schlafen. Da erschien ihm im Traum eine Fee und sagte zu ihm: „Du bist auserwählt, die Prinzessin zu erlösen.

Hast sicher schon von ihr gehört. Sie wird in einem hohen Felsen gefangen gehalten. Sie kann nur von einem tapferen, unerschrockenen und guten Jungen erlöst werden. Aber es ist nicht so einfach. Es sind ein paar Hürden zu überwinden. So musst du deine Herde allein lassen und weiter nach Süden gehen. Du wirst zu einem tiefen See kommen. Du darfst dich nicht vor der Tiefe fürchten, denn du mußt den See durchschwimmen. Doch wisse, wenn du dich nicht traust, müßte die Prinzessin für immer im Berg bleiben und den bösen Zauberer heiraten. Doch das ist noch nicht alles. Wenn du tapfer genug bist und das andere Seeufer erreichst, beginnt ein dichter und dunkler Wald. Er wird von wilden Tieren bewohnt. Du darfst keine Angst zeigen, dann werden sie dir nichts tun und du kannst den Wald durchqueren. Es werden wieder einige Tage vergehen, bis du den Wald durchwandert hast. Du wirst schon langsam hungrig und müde, aber du darfst noch nicht ruhen, sondern mußt bis zu dem großen Berg gehen.

Nimm nichts von den Früchten jenes Waldes, denn sonst fällst du in einen nie endenden Schlaf! Wenn du am Berg angelangt bist, mußt du den Berg umwandern, bis du zu einem kleinen, unscheinbaren Tor kommst. Davor wird ein großer, grauenhafter Riese sitzen und dir den Eintritt verwehren. Aber du darfst dich nicht fürchten, sondern mußt nur sagen: „Geh heim und lass mich ein, denn die Prinzessin ist mein", dann wird das Tor aufgehen und du kommst in einen wunderschönen, mit Gold und Silber behangenen Saal. Mittendrin auf einem goldenen Thron sitzt die Prinzessin und ihr zur Seite zwei große wilde Hunde. Sie werden das Maul aufreißen und mit den Zähnen fletschen, aber fürchte dich nicht. Streiche mit der Hand über ihre Köpfe, und sie werden dir zu Füßen liegen. Dann nimm die Prinzessin an der Hand und führe sie aus dem Berg. Vorher aber fülle deine Taschen mit Gold und Silber, nimm davon soviel du kannst. Vor dem Berg werden schon der König und die Königin warten und ihre Tochter in Empfang nehmen.

Damit du siehst, daß du nicht einfach nur geträumt hast, wirst du unter deinem Kopf einen kleinen Schlüssel finden, wenn du aufwachst. Damit kannst du dann das kleine Tor aufschließen." So endete die lange Rede der Fee. Als der Junge erwachte, sah er, daß etwas im Gras blinkte, genau dort, wo sein Kopf gelegen hatte. Es war ein kleiner, goldener Schlüssel. Da wußte er, daß ihm die gute Fee im Traum alles gesagt hatte, was zu tun wäre, um die Prinzessin zu erlösen. Und so geschah es auch. Schritt für Schritt genauso, wie es die Fee prophezeit hatte.

Er fürchtete sich nicht vor der Tiefe des Sees, nicht vor den wilden Tieren des Waldes, auch nicht vor dem Riesen oder den Hunden. Nur als er das wunderschöne Antlitz der Prinzessin sah und ihre Freude, ihn zu sehen, war es um sein Herz geschehen. Es klopfte ihm bis zum Hals, und wortlos führte er sie aus der Gefangenschaft. Der König und die Königin aber ließen ihn nicht mehr fort, sondern gaben ihm ihre Tochter zur Frau und das Königreich dazu.

Das Glück, das er empfand, war mehr, als er jemals erträumt hatte. Auch ohne Königreich war er kein armer Mann mehr, denn das Gold und Silber, das er in die Taschen gesteckt hatte, wurde nie weniger. Doch sein größter Reichtum war die geteilte Liebe mit seiner wunderschönen Gemahlin. Der junge König eroberte die Herzen seiner Untertanen im Sturm, denn er gab auch den Armen, sodaß in seinem Land niemand mehr Hunger leiden mußte.

Die verlassene Herde aber trieb er zurück in das Gehöft, der sie angehörte.

Der Zauberer aber war so zornig, daß er das Land verließ und keine Menschenseele hat ihn je wieder gesehen.

Als der Herrgott auf der Erde spazieren ging

Es lebten einmal zwei Brüder mit ihren Familien auf zwei nebeneinander liegenden Höfen. Sie waren gleich wohlhabend, denn beide hatten zu gleichen Teilen geerbt. Sie brauchten sich keine Sorgen um den Lebensunterhalt zu machen. Beide Brüder hatten eine Frau und zwei Kinder. Die Brüder hießen Hans und Franz. Hans' Frau hieß Lisa und die beiden Kinder Greterl und Sepperl. Franz hatte zwei Mädchen und eine Frau namens Inge. Hans lebte mit Lisa in Frieden. Sie waren genügsam und zufrieden mit dem, was sie hatten. Sie waren hilfsbereit zu ihren Mitmenschen und hatten auch für die Armen immer eine gebende Hand. Auch Sepperl und Greterl waren wohlerzogen und halfen den Eltern, wo sie konnten. Franz dagegen war gierig wie seine Frau auch. Immer trachteten sie danach, ihren Reichtum zu vergrössern und das, was sie hatten, war ihnen niemals genug. Diese Einstellung übertrug sich auch auf die beiden Mädchen. Sie wurden geizig und zänkisch. Sie hatten nichts für die Armen übrig und ließen sie meist hungrig vom Hofe gehen.

Da die beiden Höfe ganz in der Nähe des Schlosses lagen, kamen oft Bittsteller vorbei, die um ein Stück Brot oder ein Nachtlager baten. Franz und seine Frau fragten immer erst, ob sie wohl bezahlen könnten und, wenn nicht, nötigten sie die Bittsteller zu harter Arbeit, die wesentlich mehr wert war als das Stück Brot, das sie dann als Lohn empfingen. Wehe, wenn alte Leute kamen, die schon am ganzen Körper zitterten. Sie wurden vom Hof verjagt, denn Franz und seine Familie hatten kein Mitgefühl mit den Schwachen oder Kranken. Ganz anders geschah es ihnen an Hansens Hof. Dort hatten alle immer ein liebes Wort für sie, jeder bekam ein Stück Brot und eine Schale Milch. Sie konnten im Heu schlafen und immer gab es eine warme Decke in kalten Nächten.

Dieser Familie genügte ein einfaches Vergeltsgott und trotzdem hatten sie noch immer mehr als genug für sich selbst. Hans sagte immer zu seiner Familie : „Wenn man bedingungslos gibt, ruht immer Gottes Segen über allem.“

Monate vergingen und Jahre. Die Kinder wurden älter und es war Spätherbst. Der Winter zog wieder einmal ins Land, als sich der Herrgott dachte, er wolle doch wieder einmal eine Wanderung machen in seinem Erdenreich. So kam er auch in die Gegend der beiden Brüder.

Der Herrgott erschien in der Gestalt eines ganz armen Bettlers und näherte sich dem Hof von Franz. Hier wollte er um ein Stück Brot und um ein Nachtlager bitten, denn so wie der Hof aussah, schien es den Menschen dort gut zu gehen. Er hatte noch gar nicht geklopft, als er schon laute Stimmen hörte und ihm die Hausfrau, unterstützt von ihren Töchtern, befahl, sofort zu verschwinden: „Hier hast du nichts zu suchen, wir haben hier nichts übrig für so ein Gesindel. Was wir haben, brauchen wir selbst. Scher dich weg!“ So riefen sie im Chor. Der Herrgott sah alle der Reihe nach an und sagte : „Vielleicht reut es euch noch einmal, daß ihr so lieblos und geizig seid.“ Die Leute lachten den Herrgott nur aus. Dieser war erschüttert und setzte sich auf einen Stein unter einen Baum.

Er war sehr traurig und konnte nicht verstehen, daß diese Menschen so böse waren. Er sinnierte hin und her und dachte sich, einmal probier ich es noch.Vielleicht gibt es ja noch andere. Denn wenn alle so kalt sind, werde ich wieder in mein Himmelreich zurückkehren und ihnen eine Lektion erteilen, die ihr Herz zu öffnen versteht. Also ging der Herrgott weiter und klopfte an die Tür von Hans. Die Familie saß gerade beim Abendessen, und sofort öffnete Hans die Tür und sagte freundlich: „Komm herein, alter Mann. Du wirst sicher hungrig sein. Iß mit uns! Wenn du müde bist, kannst du auch gerne bei uns schlafen. Zwar nur auf dem Heuboden, aber dafür bekommst du eine schöne, warme Decke, damit du nicht frierst." Wie erleichtert war der Herrgott, daß nicht alle Menschen so herzlos waren. Hier bekam er alles, ohne überhaupt darum bitten zu müssen. Er bedankte sich bei allen sehr herzlich, nahm Speis und Trank an und legte sich schlafen. Als Hans am nächsten Morgen nach dem Bettler schauen wollte, war er verschwunden.

Doch auf der Decke lag ein Zettel mit ein paar Worten darauf, die sich Franz ins Herz brannten: „Meinen Segen geb ich euch!“ Hans wusste in diesem Moment, daß der Herrgott bei ihnen als Gast gewesen war. Und es stimmte. Auf dem Hof lag ein Segen. Hans und Lisa erreichten ein hohes Alter, ohne je krank zu sein, und die beiden Kinder fanden wunderbare Ehegatten und alle waren sie glücklich. Der Hof blieb von jeder Plage verschont.

Bei Franz und seiner Familie allerdings sah es anders aus. Auf dem Hof lag kein Segen. Was immer sie taten, es mißlang. Die Töchter blieben alleine und wurden noch geiziger und zänkischer, als sie es schon waren. Eines Tages suchte Franz seinen Bruder auf und klagte ihm sein Leid. Er verstünde einfach nicht, warum ihm gar nichts mehr gelänge, seit seine Familie diesen verkommenen Bettler weggeschickt hätte. Denn das hatte er sich gemerkt. Von jenem Zeitpunkt an lief alles schief. Hans antwortete ihm, er wüsste warum. „Du hast den Herrgott selbst weggeschickt“, sagte er, und ohne seinen Segen kann nichts gedeihen.

Da spürte der Franz ein Gefühl der Reue und wurde zu einem ganz anderen Menschen. Auch seine Gemahlin nahm sich die Lehre zu Herzen. Als der Herrgott dies sah, verzieh er ihnen und von da an hatten auch sie wieder Glück.

Das Weihnachtswunder

Es war einmal an Heiligabend. Da sagten Vater und Mutter zu ihrem kleinen Töchterlein Marie:

„Kannst du heute am frühen Nachmittag alleine zu deinen Grosseltern gehen?“

„Oja“, sagte das Mariechen“, ich hab meine Grosseltern ja sooo gern.“ Sie breitete ihre Ärmchen ganz weit aus, damit ihre Eltern sehen konnten, wie riesig lieb sie die Grosseltern hatte. Nach dem Mittagessen zog die Mutter das Mariechen ganz warm an, damit sie ja nicht frieren müsste. Mariechen konnte fast nicht mehr stille stehen. Sie war in Gedanken schon bei den Grosseltern. Sie freute sich insgeheim schon auf die guten Sachen, die die Grossmutter für ihr Enkeltöchterchen immer bereit hatte. Die Eltern gaben der Kleinen noch einen Kuss und trugen ihr auf, gut auf den Weg zu achten. Das Mädchen erfreute sich an der Winterlandschaft und fragte sich, ob das Christkind wohl die Wunschpuppe bringen würde. Sie hüpfte von einem Fuss auf den anderen und bald schon sah sie das Dorf, in dem die Grosseltern wohnten.

Von weitem sah sie auch schon, dass die Grossmutter vor dem Häuschen stand und Ausschau nach ihr hielt. Die Kleine flog förmlich in die Arme der Grossmutter, und sie hielten sich fest umschlungen. Da sagte der Grossvater zur Grossmutter, sie solle ihm doch auch noch was von Marie übriglassen und auch er umarmte das Mädchen inniglich. Dann endlich betraten sie das Haus. Auf dem Tisch standen wundergute Sachen, und Marie aß mit grossem Appetit. Vom langen Weg und dem vielen Essen müde geworden wollten Marie´s Augen zufallen. Aber die Grossmutter sagte : „Du kannst jetzt nicht schlafen mein Liebes, denn bald schon mußt du den Heimweg antreten, bevor es dunkel wird." Seufzend verabschiedete sich Marie von den Grosseltern. Die Grossmutter drückte ihr noch ein Päckchen in die Hand und sagte, sie dürfe es erst zu Hause unter dem Christbaum öffnen. Noch immer spürte Mariechen die Müdigkeit und so kam sie nicht wirklich schnell voran. Als sie eine Zeitlang gelaufen war, wurde der Himmel plötzlich ganz trüb und es begann zu schneien.

Der Schneefall wurde stärker und stärker, und bald schon konnte Marie den Weg nicht mehr erkennen. Mutig stapfte sie weiter und weiter. Doch ihre Beine wurden immer schwerer und sie wurde so müde, daß sie sich unter einem Bäumchen einfach in den Schnee fallen ließ. Sie wollte nur kurz rasten, doch die Augen fielen ihr zu, und bald schon war ihr kleiner Körper von Schneeflocken über und über bedeckt. Für Marie fühlte es sich an, als ob ein warmer Mantel sie bedeckte, und sie schlief ein. Zuhause warteten voller Sorge ihre Eltern auf sie.

Es gab damals auch noch kein Telefon, so konnten sie auch die Grosseltern nicht erreichen, um zu erfahren, wann denn Marie aufgebrochen sei. Den Vater hielt nichts mehr zu Hause. Er wußte, er mußte seinem Töchterlein entgegengehen. Vor jeder Kurve dachte er, die Kleine müßte dahinter auftauchen. Doch von Marie sah er keine Spur. Niemand begegnete ihm, und so hoffte er inständig, dass Mariechen wegen des Schneegestöbers bei den Grosseltern geblieben war.

Sie saß bestimmt in der warmen Stube und es ging ihr gut. So dachte es der Vater. Doch als er beim Haus der Grosseltern ankam, klopfte er nicht einmal an der Tür, sondern rannte geradewegs in die Stube. Die Grosseltern fragten ihn ängstlich, was denn geschehen sei, daß er so ungestüm ins Haus stürmte. „Wo ist unsere Kleine?“ Allein die Frage ließ die Grosseltern erstarren: „Mariechen hat schon vor Stunden das Haus verlassen, sie müßte längst zuhause sein!“ sagte der Grossvater. „Nein, da ist sie nicht und auch am Weg ist sie mir nicht begegnet!“ „Was, um alles in der Welt mag geschehen sein?“ Die Grosseltern weinten.

Unwillkürlich tauchte das Bild eines Wolfes in ihren Köpfen auf, doch die Wölfe hatten die Gegend schon vor langer Zeit verlassen. „Oh“, sagte die Grossmutter „sie war so müde, und ich hab sie weggeschickt.“ „ Ja, vielleicht ist sie unterwegs eingeschlafen“, sagte nun auch der Grossvater, „und bei dem dichten Schneefall hat sie sich wahrscheinlich verirrt und liegt jetzt irgendwo da draussen.

" Die Grosseltern waren zu alt, um selbst sich auf den Weg zu machen , aber sie gaben dem Vater eine starke Lampe und er trat sofort den Heimweg an. Er leuchtete alles im näheren Umkreis des Weges aus, doch konnte er Marie nicht finden. Er sah ein Reh, das unter einem Bäumchen stand und ihn mit grossen Augen anblickte. Da plötzlich, wurde er auf einen kleinen Schneehaufen aufmerksam, der neben dem Rehlein lag, und stocherte mit seinem Stecken hinein. Er spürte einen weichen Widerstand und begann mit blossen Händen den Schnee abzutragen. Da sah er zuerst die blonden Locken und dann sein kleines Mädchen. Sie saß da, hatte die Arme um ihre Knie geschlungen, als wollte sie sich wärmen und schlief tief und fest. Ganz zart konnte er einen Herzschlag hören. Er hob sie behutsam auf seine Arme und betete zu Gott, daß sie wieder erwachen würde. Die Tränen liefen über sein Gesicht und, so schnell er konnte, trug er Marie nach Hause.
Die Mutter war auch schon ganz aufgelöst, denn sie fühlte, daß was geschehen war.

Sie eilte dem Mann entgegen und erschrak noch mehr, als sie das bewegungslose Mädchen in seinen Armen sah. „Schnell, heize den Ofen ein, daß es ganz warm wird!" befahl der Mann. Er selbst trug Mariechen in ihr Bettlein, deckte sie mit allen Decken zu, die sie besassen und erzählte seiner Frau, wie er sie gefunden hatte. „Laß uns den Christbaum neben ihr Bettlein stellen, damit sie ihn sieht, wenn sie erwacht." Um Marie's Mund spielte ein glückseliges Lächeln und in ihren Händen hatte sie noch immer das Päckchen der Grossmutter. Es verging noch eine kurze Zeit, die den Eltern wie eine Ewigkeit vorkam, und dann durchfuhr den Körper ein leichtes Zittern. Marie erwachte. Sie öffnete ihre Augen und glaubte zu träumen. Vor ihr stand ein Christbaum mit vielen Kerzen drauf und in der Hand hielt sie ein Päckchen. „Wie war sie nur nach Hause gekommen?" Das letzte, woran sie sich erinnerte, war, daß es zu schneien begonnen hatte und sie unter einem Bäumchen rasten wollte. „Doch wer hatte das Bäumchen so schön geschmückt?"

Da merkte sie auch, wie behaglich warm es plötzlich war, und da dachte sie plötzlich: „Vielleicht bin ich im Himmel." Doch in diesem Moment, bemerkte die Mutter, die in einiger Entfernung still vor sich hinweinte, dass Marie die Augen aufgeschlagen hatte, und lief zu ihr und nahm sie in ihre Arme . Und auch der Vater eilte herbei und drückte die beiden so fest, daß Marie um Luft rang. „Fröhliche Weihnachten Marie! Das Christkind war da und hat uns das schönste Geschenk aller Zeiten gemacht. Dich!!!"

Marie verstand zwar nicht alles, was der Vater sagte, aber sie wußte, daß sie nun das Päckchen öffnen dürfte, das die Grossmutter ihr gegeben hatte. Und darinnen lag die Puppe, die sie sich so sehr gewünscht hatte, und sie taufte sie Weihnachtswunder, denn für sie war es wie ein Wunder, endlich eine Puppe zu besitzen. Für ihre Eltern aber gab es kein größeres Wunder als Marie und sie dankten dem Christkind, daß alles so gut ausgegangen war.

Das Spiegelbild

Es war einmal ein Mann mit Frau und Kind. Das war ein so liebes Mädchen und die ganze Freude der Eltern. Einmal, als das Mädchen Beeren pflückte, verschwand es und kam nicht mehr nach Hause.
Die Eltern suchten es im ganzen Wald, viele Tage lang, doch es blieb verschwunden. Miri, so hieß das Mädchen, hatte sich verlaufen und, wie von einer inneren Stimme geführt, folgte sie einem Weg, der sie zu einem großen Fluß führte. Müde ließ sie sich nieder und schaute gedankenverloren in den Fluß. Sie war noch nie so weit von zu Hause weggewesen und bestimmt machten sich ihre Eltern große Sorgen um sie. Wie sie so in den Fluß blickte, sah sie plötzlich das Gesicht eines Mädchen, das sie anschaute. Miri freute sich unendlich und dachte, sie hätte jetzt eine Spielgefährtin gefunden. Sie wußte nicht, daß es ihr eigenes Spiegelbild war, denn nie hatte sie sich selbst in einem Spiegel gesehen. Auch wußte sie nichts über die Spiegelkraft von Wasser. So zog sie ihre Schuhe aus und sprang in den Fluß, um näher bei diesem Mädchen zu sein. Doch ihre ausgebreiteten Arme griffen ins Leere. Da war kein Mädchen.

Nur ein Sog, der sie tiefer und tiefer nach unten zog. Je tiefer sie sank, desto schöner wurde die Umgebung, die sie sah. Anfangs hatte sie nur Wasser umgeben, doch jetzt stand sie auf einer wunderschönen blühenden Blumenwiese. Leicht geschlängelt führte ein Weg durch ein zauberhaftes Tal zu einem schneeweißen Schloss. Miri konnte ihren Augen kaum trauen. Nie hatte sie etwas Schöneres gesehen. Vor dem Schloss stand ein Jüngling, und, als ob er sie schon erwartet hätte, reichte er ihr seinen Arm und führte sie ins Schloss.

Welche Schätze taten sich hier auf, welche Fülle. "Wo bin ich?" fragte Miri, denn sie war sich nicht mehr sicher, ob sie träumte oder wachte. „Du bist in einem Reich im Inneren der Erde", sagte der Prinz, „und nur sehr wenige, die reinen Herzens sind, werden hierher gebracht!"

Dieses Reich gilt es zu schützen und bitte, erzähle niemandem davon, selbst wenn du es wieder verläßt".

Miri versprach es, und der Prinz führte sie in den Garten und stellte sie seinen Eltern vor. Sie waren freundliche Menschen und schlossen Miri sofort in ihr Herz.

Miri bekam ein eigenes Zimmer im Schloss und wurde verwöhnt wie eine Prinzessin. Sie schlief wunderbar und, als sie am nächsten Tag erwachte, konnte sie sich kaum an die Zeit erinnern, bevor sie dieses Reich betrat. Auch der Prinz schloß sie in sein Herz und schon nach ein paar Tagen fragte er sie, ob sie seine Frau werden möchte. Miri sagte ja, obwohl es ihr irgendwie seltsam schien, daß sie jemand heiraten wollte, den sie kaum kannte, und doch, ihr Herz jubelte bei dem Gedanken, mit ihm ihr Leben verbringen zu können. Sie fühlte sich auch alt genug und erinnerte sich nur dunkel, daß sie vor kurzem noch ein kleines Mädchen war. „Wie lange bin ich schon hier?“fragte sie den Prinzen. „ Nun, das ist schwer zu sagen“, antwortete der Prinz. „Nach unseren Begriffen nur ein paar Tage, doch im oberirdischen Reich sind bestimmt schon Jahre vergangen.“ „Jahre?“ Miri konnte es nicht fassen. Das oberirdische Reich mußte das Reich sein, von dem sie gekommen war.

Warum nur war ihre Erinnerung so verschwommen?
Der Tag der Hochzeit nahte und geheimnisvoll lächelnd bat sie der Prinz, ihn auf eine kleine Reise zu begleiten, denn da wären sehr wichtige Gäste, die man persönlich abholen müssete. Miri sagte zu, und gemeinsam traten sie in einer Kutsche, gezogen von vier weissen Schimmeln, die Reise an. Der Prinz brachte Miri durch geheime Wege zum ober-irdischen Reich, zum Häuschen ihrer Eltern.
Wie freuten sich diese, Miri am Leben zu sehen.
Auch wenn soviele Jahre vergangen waren, hatten sie die Hoffnung nie aufgegeben, daß ihre kleine Tochter noch lebte.
Im Moment, als Miri das Gesicht ihrer Mutter sah, erinnerte sie sich an alles und flog aus der Kutsche in ihre Arme. Es mußten viele Stunden vergangen sein, denn immer und immer wieder wollten die Eltern Miri´s Geschichte hören und wissen, wie es zugegangen war, daß Miri in jenes Reich gekommen war, dessen Königin sie bald sein würde.

Der Prinz drängte zum Aufbruch. „Wenn wir jetzt nicht fahren, kommen wir zu unserer eigenen Hochzeit zu spät", sagte er lächelnd. Die Eltern packten ihre wenigen Habseligkeiten zusammen und fuhren mit dem Paar in ihre neue Heimat. Denn nichts und niemand konnte sie noch einmal von ihrem geliebten Töchterchen trennen.

Viele, viele Jahre vergingen. Aus dem kleinen Mädchen, das früher immer andächtig Oma's Märchen gelauscht hatte, ist eine Frau geworden, die nun selbst Märchen erzählt.

Märchen

von

Lile an Eden

Lily's Reise durch die Zeit

Da ist ein Mädchen, namens Lily. Lily lebt zusammen mit ihren Eltern in einem tiefen Wald, in einer Blockhütte, unter hohen, rauschenden Bäumen. Es ist ein wunderbarer Wald. Eichkätzchen spielen mit den Mäuschen, und die Vögel bauen sich Schaukeln aus Zweigen und Blättern. Das Moos duftet herrlich und die Wurzelmännchen erzählen den Menschen, Tieren und Pflanzen, Märchen, wunderschöne Märchen. Leider legte sich über die Augen der Menschen mit der Zeit ein Schleier, und nur mehr ganz wenige, vor allem Kinder, können noch die Schaukelnester sehen und den Wurzelmännchen zuhören. Lily ist eine von ihnen. Sie wäre auch ganz glücklich, wenn sie sich nicht manchmal so alleine gefühlt hätte. Natürlich hat Lily Freunde, aber diese Freunde zerstören die Schaukelnester und glauben kein einziges Märchen der Wurzelmännchen. Bei Lily ist das anders. Wenn sie die Schaukelnester sieht und den Wurzelmännchen zuhört, wird ihr ganz warm ums Herz, und dunkel erinnert sie sich an eine Zeit, in der die Märchen der Wurzelmännchen Wahrheit waren.

Lily ist neugierig, sie möchte alles wissen, Mögliches und Unmögliches. In jede Höhle, die sie findet, steigt sie hinein, weil sie hinter jedem Spalt einen verlorenen Schatz vermutet. Sie selbst baut sich Schaukeln aus Lianen, und kriecht manchmal auf allen vieren am Waldboden weil sie die Eingänge zu den unterirdischen Wohnungen der Mäuse sucht. Am liebsten wäre sie auch dort hineingekrochen.

Das Problem ist: Lily ist zu groß für ein Mäuseloch, aber zu klein in den Augen ihrer Eltern, um immerzu alleine durch den Wald zu streifen. Niemand kann sie verstehen, weder ihre Eltern noch ihre Freunde, und Lily fühlt sich immer einsamer. Mehr und mehr zieht sie sich von ihren Freunden und Eltern zurück. Je weniger Lily mit den Menschen spricht, um so mehr spricht sie mit den Tieren, den Pflanzen und mit den Wurzelmännchen.

Die Wurzelmännchen sind übrigens sehr alt und haben vieles sich ereignen sehen. Sie sind älter als Lily's Großeltern, die Großeltern ihrer Großeltern, und älter als die Großeltern ihrer Ur-Ur-Ur-Ur-Großeltern.

Eines Tages klagt Lily dem Ältesten der Wurzelmännchen, sein Name ist Uradix, ihr Leid: „Warum, oh ehrwürdiger Radix, bin ich so anders als die anderen und deswegen so einsam?“ Uradix weint ein bißchen, wobei man nie genau weiß, ob er weint oder lacht, schüttelt seine Wurzelstocher und schließt seine Augen. Schon will Lily weggehen, als Uradix mit sehr tiefer, sanfter Stimme anhebt zu sprechen: „Nun, kleine Lily, bleibe hier und höre gut zu. Du wirst eine Antwort auf deine Frage erhalten...“

„Von weit kommst du her
und weit wirst du ziehen.
Der Moment fällt dir schwer
in die Zeit wirst Du fliehen.
Der Bote vom See wird
dir weisen den Weg.
Laß dich tragen vom Traum,
in den bleibenden Raum.
Das Ende am Anfang,
so mach dich bereit,
mit Geduld zu durchreisen,
den Raum und die Zeit.“

Ein Satz hallt ihr in den Ohren: „Der Bote vom See wird dir weisen den Weg.“ Ja, das war‘s. Zum See würde sie gehen, zu ihrem geliebten, kleinen See, in der Tiefe des Waldes. Das Wasser ist blaugrün und manchmal so blau wie das Wasser des sagenumwobenen Lothrian aus Wurzelmännchen‘s Märchen.

Am See angekommen setzt Lily sich hin und weint. Es beruhigt sie zu seh‘n, wie ihre Tränen, Regentröpfchen gleich, in den See fallen und im Wasser verschwinden. Manchmal weint sie soviel und solange, daß sich der Wasserspiegel des Sees durch ihre vielen, vielen Tränen hebt. Sobald sie das sieht, beginnt sie zu lachen, zuerst leise und zaghaft, später immer lauter und lustiger und schließlich scheint ihr die ganze Welt ausgefüllt von ihrem Lachen. Die Vögel lachen mit ihr, die Bäume, die Blumen, alle lachen, und Lily geht fröhlich nach Hause. Nun, so ist es immer gewesen, heute aber, Lily bemerkt es sofort, ist alles ganz anders.....Lily sitzt an ihrem geliebten See und weint. Mehr als je zuvor, doch ihre Tränen sind nicht farblos wie sonst, sondern blau, strahlend blau.

Mit jeder Träne, die ins Wasser fällt, wird das Wasser des Sees klarer, bis er schließlich ganz durchsichtig ist, durchzogen von kobaltblauen Spuren, die ihre Tränen ziehen. So kommt es, daß Lily plötzlich anstelle des Sees einen riesengroßen Spiegel mit blauen Rissen erblickt. Lily ist sehr erstaunt und weit beugt sie sich über den Rand des Spiegelsees.Zuerst sieht sie ihr Gesicht, klein, schmutzig, von Tränen überströmt, wie sie es kennt, doch plötzlich beginnt sich ihr Gesicht zu verändern. Es wird älter, klarer, gar nicht mehr schmutzig. Die Augen dieses, ihres Gesichtes ziehen sie magnetisch an, und Lily hat das Gefühl, in diese Augen hineinzufallen, tiefer und immer tiefer in unbekannte Räume zu sinken. Sie erkennt die Ordnung der Sterne; deutlich und klar liegt der Himmel wie ein aufgeschlagenes Buch vor ihren Augen. Die Sterne sind nah, und Lily weiß, irgendwo in diesen Weiten liegt ihre Heimat, die sie verloren hat, vergessen hat vor langer Zeit. Plötzlich werden die Sterne zu Buchstaben, und vor ihren Augen entrollt sich eine Geschichte, die heute noch ist und irgendwann war:

Die Sternengeschichte

Es war einmal vor langer Zeit ein Reich in den sternenden Welten, das groß war und schön. Der König der unermeßlichen Güte regierte, sein Name war Anthor, und seine Gemahlin hieß Maira. Zusammen hatten sie einen Sohn, der Noth hieß und eine Tochter. Ihr Name blieb lange geheim. Der Oberste Rat dieses Reiches setzte sich zusammen aus dem Wolf, dem Adler, dem Skorpion, der Lilie, der Rose, der Perle, dem Raben, dem Weisen der Sonne und des Mondes, die dort als ein Stern erstrahlten, Anthor und Maira, dem Unaussprechlichen und dem Verhüllten.

Wieder saßen sie in langer Beratung, als das kleine Mädchen, wir nennen es „Taube“, in den Saal der silbernen Throne stürmte und weinend darum bat, gehört zu werden. Der Wunsch ward gewährt und sie erzählte wie folgt:

Das Lied der Tochter

„Oh Vater, oh Mutter,
ich habe geseh‘n ein Geschlecht
gebaut wie ein Baum, die Wurzeln im Boden,
die Krone in der Luft.
Umkreist von Adlern, umgeben von Wassern,
getrieben von Winden, an die Erde gebunden.
Die Farben des Regenbogens in ihren Herzen,
zu Sternen geboren, aus Lehm gemacht,
in den Hallen aus Stein, am Ende der Straße.
Im großen Haus, ein Riese wohnt.
Das Geheimnis er hütet aus alter Zeit,
als der Blitz noch war mit dem Donner vereint.
Wann werden sie finden die Ruh und das Glück,
das ihnen gewährt Stück um Stück,
sinken sie mehr ins Vergessen hinein ,
die Geschichte verloren, die Herzen zu Stein.
Eine mächtige Hilfe, die Phantasie,
verspotten, verleumden, mißbrauchen sie,
um zu entfliehen den Regeln der menschlichen Zeit,
die erlassen du hast, zu ändern bereit,
wenn einst die Blüten dem Höchsten sich öffnen.

Doch nun, wenn sie fehlen, im Labyrinth sich verlieren,
Vater, hilf ihnen, es darf nicht passieren.
Ich hab sie gesehen in einsamer Nacht,
sie sprachen von Kriegen, von Armut und Macht.

Sind es nicht diese, zum Höchsten geboren,
die der Allmächt'ge zum Nächsten erkoren?
Im Fleisch zu vollenden das reine Herz,
das Bewusstsein sich spaltet in Freude und Schmerz.

Die Prüfung zu meistern, die ihnen gegeben,
brauchen sie Hilfe im täglichen Leben.
Vater, so seht nur - die Liebe, sie fällt,
was kann ich tun in der dortigen Welt?"

Anthor, der Gütige, sprach zu seiner Tochter:
„Nun wisse, mein Kind, dein Schicksal war festgelegt, lange bevor Sonne und Mond ihre Bahn drehten in der irdischen Form.
Geh und werde eine von ihnen. Nicht menschliche Liebe noch grausamer Schmerz lasse dich deine Heimat vergessen. So wirst du wirken im Bewußtsein von Liebe und Licht. Einer wird kommen, dir zur Seite gestellt; ihn immer zu finden in dieser und jener Welt sei dein Ziel. Abwechselnd in Licht und in Schatten werdet ihr wirken, bis du am Ende der Frist, für immer vereint mit ihm, zurückkehren wirst an deines Vater's Thron. Die blauen Berge von Eden werden dich immer begleiten."
Ein schriller Pfiff bringt Lily auf die Erde zurück, besser gesagt, an das Ufer des See, der jetzt wieder ein ganz normaler See ist. Lily reibt sich ein paar Mal die Augen, schüttelt ungläubig den Kopf und blickt fassungslos auf ihr eigenes Spiegelbild, das nun wieder klein, schmutzig und verweint erscheint.

Mit ihrer Nase stimmt etwas überhaupt nicht mehr. Es sieht so aus, als ob sie Flügel hätte, mehr noch, es sieht so aus, als ob in Lily's Gesicht, anstelle der Nase, ein Schmetterling säße. Lily spürt ein seltsames Kribbeln und niest, „Na endlich", ertönt eine kleine, helle Stimme, „endlich bemerkst Du mich."

Zuerst sieht Lily nur ein unbestimmtes Flattern, doch plötzlich kristallisieren sich ganz deutlich zwei funkelnde Augen heraus, die Lily äußerst interessiert beobachten. Nun beginnt der Schmetterling, der Lily' s Erstaunen bemerkt, zu sprechen:

Der Spruch des Schmetterlings

„Nun, kleines Mädchen, wundere dich nicht.
Ein Bote nur bin ich von geringem Gewicht,
gesandt von den Feen der anderen Welt,
ein Geschenk dir zu bringen,
das ewiglich hält.
Da du auf Erden so traurig bist,
den alten Zauber so sehr vermisst,
so sei dir gestattet, von heute an,
die Nebel zu spalten,
zu lösen den Bann,
der die Reiche der Feen
und der Menschen trennt.
Wenn du es
wünschst, lass dich tragen vom Traum,
zu den Ufern der Zeit,
in den bleibenden Raum."

Lily ist so überwältigt von der Botschaft des Schmetterlings, daß sie vor Freude nicht ein noch aus weiß. Soviel hat sie verstanden, sie darf ins Feenreich kommen, wenn sie es wünscht. Lily wünscht es sich von Herzen. Sie schließt die Augen und bittet inständig darum, daß der Traum sie holen möge, und kurz darauf passiert etwas ganz und gar Seltsames.

Ein Rabe sieht es, der über dem Baum von Lily sitzt und sie genau beobachtet. Kaum schließt Lily die Augen, ist sie verschwunden, genauso wie kurz davor der Schmetterling. Der Rabe beginnt sehr aufgeregt zu krächzen, und die Tiere des Waldes eilen herbei.

Sie alle, von Lily's Verschwinden äußerst beunruhigt, suchen sie, doch so sehr sie auch suchen, Lily ist und bleibt verschwunden. Selbst die Adler können sie nicht finden. Zuletzt beschließen die Tiere, Uradix um Rat zu fragen. „Nun", sagt der ehrwürdige Uradix, „so hat sie den Ruf vernommen."

„ Lang ist die Reise, und schwierig der Weg .
Wenn auch die Kraft dem Ende zugeht,
so leuchtet darüber ein heller Stern,
der in Liebe bewacht, was ihr scheint so fern.“
„Wo ist sie?“
rufen die Tiere wie aus einem Munde.
„Es gibt Wesen, die in vielen Welten ihre Schatten werfen,
Lily ist eine von ihnen.
Dies mag im Moment genügen.“
Mit diesen Worten entlässt Uradix die erstaunten Tiere
und schläft ein.

Zuerst weiß Lily nicht so recht, wo sie sich befindet. Sie liegt unter hohen Bäumen im Gras. Ein Rabe krächzt aufgeregt, und alles scheint ihr ähnlich zu sein wie zuhause. Aber eben nur ähnlich. Etwas ist anders. Lily fühlt sich sehr leicht, leicht wie eine Feder, und schon ist sie versucht, die Arme auszubreiten und zu fliegen, der milchig weißen Sonne entgegen, die den ganzen Wald in ein bläulich weißes Licht braucht.

Plötzlich hört sie, scheinbar aus dem Nichts, eine mahnende Stimme. „Warte, Lily warte!" Zwei funkelnde Augen, die Augen des Schmetterlings, schauen sie vorwurfsvoll an. „Ja, ja, kleine Lily, kaum bist du hier, willst du schon wieder davon fliegen. Geduld, mein Kleines, Geduld!" Bevor Lily etwas erwidern kann, ist der Schmetterling verschwunden.

Jetzt erst bemerkt Lily die Vielzahl an Blumen, an Düften, und sie sieht Bäume, uralte Bäume, mit Misteln bewachsen. Alles, was sie sieht, gefällt ihr, doch so sehr sie sich auch umblickt, sie sieht keinen einzigen Menschen. „Hallo", ruft sie laut, „ist da jemand?"

Auf ihr Rufen erhebt sich ein Raunen im Wald, ein Rascheln und Singen, sogar die Luft scheint zu vibrieren. Alles will gleichzeitig seine Anwesenheit bekunden. Ganz erschrocken von so vielen Antworten verstummt Lily. Nach einer Weile flüstert sie ganz leise:

„Wo bin ich hier?“

„Im Feenreich“, tönt es von allen Seiten zurück

„Und nicht zum ersten Mal“, kichert das Wurzelmännchen.

„Nein, nicht zum ersten Mal“, schreit die Eule.

„Wir kennen dich, kleines stolzes Mädchen“, singen die Elfen.

„Lang warst du weg“, rascheln die Blätter.

„Du mußt dich erinnern!“ säuselt der Wind.

„Du mußt dich erinnern!“singt der Bach.

„Du mußt dich erinnern!“ schreit Lilly‘s Herz .

„Wie, wie kann ich mich erinnern?“

„Der Schlüssel liegt vergraben im Haus, am Ende des rückwärtigen Weges. Geh´ durch das erste Tor der Zeit und finde deine Vergangenheit.“

Der Spruch scheint aus dem Nichts zu kommen und doch von allen Seiten zugleich. Lily hört ihn und hört ihn nicht, vielmehr spürt sie mit aller Deutlichkeit das Gesagte.
„Wo?" ruft sie, „wo finde ich den rückwärtigen Weg?"
Gleichzeitig mit der Frage formt sich die Antwort:
„Wünsche, Kind, wünsche, dein Herz wird dich führen, wohin es dich verlangt!"
Dieser Spruch berührt Lily's Seele, und sie wünscht sich von Herzen, den Weg zu finden, der zur Vergangenheit führt. Sie schließt die Augen und spürt wieder den Wind, oder ist es der Traum, der mit mächtigen Schwingen sie trägt, durch Tore so groß wie ein Mauseloch klein, durch Räume so weit, wie ein Nadelöhr breit.
Als sie wieder Boden unter den Füßen spürt, steht sie vor einer Mauer aus Stein, undurchdringlich und kalt. „Mein Gott, was soll ich hier?" bricht es aus ihr heraus.
So weit das Auge reicht, nur Steine, nichts und niemand außer ihr und den Steinen.
„Was soll ich hier?", ruft sie laut, „Wo bin ich?"
„Dies ist der Anfang des rückwärtigen Weges.

Du wolltest dich erinnern.“

Lily ist es nun schon egal, ob wirklich jemand mit ihr spricht oder ob sie sich das Gesagte nur einbildet.

„Ja, ja, ich weiß - aber es sind doch nur Steine“, schluchzt sie verzweifelt. „Nur Steine und ich ganz allein.“ „Erstens Lily, bist du nicht allein.

Zweitens ist es dein rückwärtiger Weg,

drittens sind wir keine Steine.

Schau genau, kleines Mädchen, schau genau!“

„Nein, ich will nicht“, ruft Lily. „Ihr seid alles Steine - dumme, kalte Steine und ich will weg hier - sofort!“

Lily schimpft wie ein Rohrspatz, sie tritt gegen jeden Stein, der ihr zu nahe liegt, doch jedes Mal, wenn sie einen Stein berührt, berührt sie sich selbst und es tut weh, nicht am Fuß, nicht am Kopf, nein - in Lily`s Herz tut es weh, und bald schon lässt sie es bleiben.

„Was seid Ihr, wer seid ihr“, fragt Lily ganz zaghaft.

„Wir sind Verletzungen, kleines Mädchen, wir sind Ängste, Schmerzen - all das, was dich hindert, den rückwärtigen Weg zu gehen.“

„Wie komm ich dann zur Vergangenheit?“ „Du mußt verzeihen, kleines Mädchen, den anderen und dir selbst, du musst vertrauen, kleines Mädchen. Wenn du dich erinnern willst, mußt du die Steine lieben, dann verschwinden sie, lösen sich einfach auf.“
Lily berührt staunend einen Stein, streichelt ihn mit den Fingerspitzen und bemerkt, wie er unter ihren Händen immer wärmer wird, wärmer und weicher, bis er schließlich unter ihren Fingern beginnt zu schmelzen, sich einfach aufzulösen.
„Wir sind die schmerzhaften Erinnerungen, Lily, wir alle zusammen bilden das erste Tor der Zeit. Der Schlüssel heißt Verzeihen. Ein Verzeihen, jenseits von Schuldgefühlen, das die Liebe selbst ist. Liebe uns, löse uns und der rückwärtige Weg steht dir frei.“
Lily denkt an ihre Eltern, ihre Lehrer und Freunde, die sie verletzt hatten und sie nicht verstanden hatten, und sie denkt an sich selbst, die vor lauter Einsamkeit und Verzweiflung ungerecht und böse geworden war. In diesem Moment blitzt so etwas wie Verständnis in ihr auf und eine tiefe Liebe erfüllt sie, zu ihren Eltern, zu ihren Freunden,

zu sich selbst. In diesem Moment erinnert sie sich an ihren kleinen See, an die vielen, vielen Tränen und an das gemeinsame Lachen mit unzähligen Tieren und Pflanzen, wenn sie sah, wie der Wasserspiegel des Sees durch ihre vielen, vielen Tränen gestiegen war.
In diesem Moment weiß sie, daß alles gut ist, und sie sieht wieder die Steine und liebt sie. Plötzlich steht sie am Anfang eines schmalen Bächleins, das sich gewunden durch ein wunderschönes Tal zieht.
Ein paar Steine am Wegrand und in der Mitte des Bächleins erinnern sie an die Mauer aus Stein und sie staunt über das Wunder, das sie soeben gesehen.
Beschwingt hüpft Lily von einem Stein zum anderen und folgt dem Bächlein bis zur Quelle. Nahe der Quelle steht ein Häuschen inmitten eines riesengroßen Gartens. Vor dem Häuschen steht eine Frau, die seltsamste Frau, die Lily je gesehen hatte. „Willkommen, mein Kind“, sagte die Frau. „Wer bist du?“ fragte Lily.
„Ja, weißt du das nicht?“ sagte die Frau, „ich hüte deine Vergangenheit, und bald wirst du alles verstehen.“

Die Vergangenheit begann Lily nun die Fortsetzung der Sternengeschichte zu erzählen: „In dem Moment, als „Taube“ das Reich in den Sternenden Welten verließ, erschien im Feenreich, viele Räume entfernt, ein fremdartiges Wesen.„Wer ist das?“ flüsterten die Feen. „Wir kennen sie nicht - sie ist schön - sie ist zart, aber sie ist mit Sicherheit keine von uns. “ So beschlossen die ratlosen Feen das Orakel zu befragen, und die Antwort liess nicht auf sich warten. Aus weiter Ferne ertönte folgender Spruch:„Nehmt sie auf und behandelt sie wie eine von euch. Doch wisset folgendes und vergesst es nie: ihr Schicksal wurde festgelegt, lange bevor Sonne und Mond ihre Bahn drehten in der heutigen Form. Sie weiß ihren Namen nicht, er wird ihr erst später gegeben, sie darf ihn nicht vor der vorgesehenen Stunde erfahren. Sie ist eine Reisende, ein vorübergehender Gast in eurer Welt. Sie wird andere Reiche und andere Welten sehen und sie wird mehrmals ihre Kleider wechseln. Ihr wahrer Name ist im Buch des Lebens festgehalten. Weit kommt sie her, als Hüterin des Einen Lichts.

Wenn sie die Zeit im menschlichen Körper besiegt und ihr Herz sich ganz geöffnet hat, wird ihr der Name gegeben.“ So endete die Botschaft der orakelhaften Stimme, und in diesem Moment öffnete das Wesen, das die Gestalt einer Fee angenommen hatte, die Augen. Man hatte ihr den Namen Maya gegeben. Durch ihre Fröhlichkeit und ihre stets sprudelnde Phantasie war sie sehr beliebt. Sie lebte im Feenreich und hatte einen eigenen Garten, mit wunderschönen Blumen. Sie liebte ihren Garten und eine Blume liebte sie ganz besonders, die schwarze Rose. Es war ihr als einziger Fee gelungen, eine schwarze Rose zu züchten. Eines Tages trug es sich zu, daß ein übermütiger Kobold ihr die Rose klaute. Zuerst war Maya sehr traurig, doch als sie den Übeltäter fand, wurde sie so wütend, daß sie den kleinen Kobold verfluchte und in eine steinerne Spinne verwandelte. Nun war es aber einer Fee unter allen Umständen untersagt, einen Fluch auszusprechen, und betrübt hielt der Rat der Feen Gericht über sie. Nach langer Beratung fällten die 12 obersten Feen des Feenreichs das Urteil:

Maya wurde vor die Wahl gestellt, entweder in eine neunjährige Verbannung zu den Gewitterhexen zu gehen oder aber auf immer ihrer Zauberkraft zu entsagen und als gewöhnliche Sterbliche fortan zu leben. Widerstrebend und weinend musste sich Maya dem Urteil beugen und sie wählte die Station der Reinigung, den Ort des grollenden Donners.

So also kam es, daß sie lernte, Blitze zu schicken, Spannung aufzulösen und Regen zu machen. Sie lernte die Zusammenhänge zwischen der irdischen Natur und den himmlischen Sphären kennen, und sie lernte das stete Wechselspiel zwischen Sonne, Mond und den übrigen Planeten verstehen. Es war eine harte Schulung für Maya. Sie, die im Feenreich aufgewachsen war, wo in erster Linie die Liebe, die Güte und der Zauber regierten, war dieses harte Klima nicht gewöhnt.

Sehnsüchtig erwartete sie den Tag, wo der Schrecken der neunjährigen Verbannung zu Ende war.

Manchmal kam ein Reisender in das Reich des Donners, es war der Herr der Winde, und mehr als einmal bat ihn Maya, sie doch mitzunehmen, sie mit seinen mächtigen Schwingen zu tragen, zurück ins Feenreich...Lächelnd schüttelte der Herr der Winde den Kopf und sagte: „Tut mir leid, mein Kind, ich respektiere den Entschluß deiner Freunde, der Feen! Ausserdem wisse dies und vergiß es nie: Kein noch so schneller Wind kann dich tragen, wenn du nicht vorbereitet auf die Geschwindigkeit bist. Im Grunde weißt du sehr genau, daß diese Zeit der Reinigung nützlich und sinnvoll ist, und mehr als einmal wirst du erfahren, daß das Leben in seiner Weisheit dich immer an den Platz stellt, der deiner weiteren Entwicklung förderlich ist.

Das Leben in seiner unendlichen Vielfalt beinhaltet Licht und Schatten, Harmonie und Spannung, und erst wenn du die Einheit im Ganzen erkennst, wirst du deine wahre Heimat finden.

Du kommst aus einem Reich der unendlichen Liebe, in dem dir jeder Platz wie deine Heimat und jedes Wesen wie dein Geliebter scheint. Das Feenreich ist nur ein Tor!"
Mit diesen Worten verließ der Herr der Winde die nachdenkliche "Fee", und als er schon längst ihren Blicken entschwunden war, hörte sie seine Stimme ganz nah: „Wir sehen uns wieder, mein Kleines, und ich werde dich tragen, wohin es dich verlangt."
„Oh, ich kenne diesen Satz", sagte Lily, „Er hat sein Versprechen gehalten."
„Natürlich, mein Kind", sagte die Vergangenheit, „doch das ist längst nicht alles. Höre gut zu, was mit der "Fee" geschah:
Die neunjährige Verbannung neigte sich dem Ende zu, doch am Tag der vermeintlichen Rückkehr befahl der Fürst des Donners, gegen die Gesetze der Feen,
sie einzusperren und unter keinen Umständen entkommen zu lassen. Er selbst hatte ihr wahres Wesen erkannt und sich unsterblich in sie verliebt. Zu Tode erschrocken erbat Maya die Hilfe einer eifersüchtigen Gewitterhexe, von der

sie wußte, daß sie selbst den Fürsten des Donners begehrte. Die Gewitterhexe verwandelte Maya in einen bläulich weißen Blitz, der an der Küste Taras einschlug. Im Moment, da der Blitz den steinigen Strand berührte, nahm Maya menschliche Gestalt an und blieb bewußtlos liegen."

„Weiter, wie geht diese Geschichte weiter?" fragte Lily.

„Tut mir leid, mein Kind", sagte die Vergangenheit, „das darf ich dir nicht erzählen."

„Warum denn nicht?" fragte Lily.

„Diesen Teil der Geschichte, der ein Schlüssel ist, wirst du von anderer Quelle erfahren. Doch bis es so weit ist, geb' ich dir ein wunderschönes Buch, und du kannst darin lesen, sooft du willst." Das Buch, von dem die Vergangenheit sprach, war eine Art Zauberbuch. Wenn Lily darin las, erlebte sie gleichzeitig das Gelesene. So kam es, daß sie sich in einem Land wiederfand, in dem die Erde rot war; sie las von einer armen verstossenen Königstochter, vom Mädchen im Sumpf, von einer alten Frau, die in einem kleinen roten Häuschen lebte,

von einer Prinzessin im fernöstlichen Reich, von einer Priesterin, die mit hoch erhobenen Händen vor einem Tempel stand. All diese Geschichten schienen ihr irgendwie vertraut und doch machte ihr die Vielzahl Angst. Sie konnte es sich nicht vorstellen, daß alle diese Geschichten von ihr erzählten. Die Vergangenheit, die ihr Erstaunen bemerkte, sagte lächelnd zu Lily:

„Weisst du, mein Kind, diese Geschichten spielen nicht alle auf einer Ebene, so wisse, daß du Geist bist und Seele bist und Körper bist, daß du all-ein bist und ein Tröpfchen im Meer des Allganzen. Nimm die Zeit wie einen Raum. Viele Leben sind darin enthalten, die in Wahrheit gleichzeitig stattfinden. Die verschiedenen Bereiche sind nie voneinander getrennt, vielmehr macht dir die gleichzeitige Wahrnehmung dieser Zustände Mühe. Sorge dich nicht. Bald wirst du alles verstehen. Einstweilen geniesse die Vielzahl. In nicht all zu langer Zeit werden sich die einzelnen Steinchen zu einem schönen Mosaik ordnen, und du wirst die Einheit im Ganzen erfahren."

Mit diesen Worten liess die Vergangenheit sie zurück, und Lily saß nachdenklich inmitten der Blumen und freute sich unendlich...

Lily lebte glücklich im Garten der Vergangenheit, bis eines Tages wieder der Schmetterling kam. Er drängte zum Aufbruch.

„Bitte, es ist an der Zeit, die Vergangenheit zu verlassen!“
„Warum sollte ich die Vergangenheit verlassen?
Ich bin glücklich hier, sieh doch nur die schönen Blumen.
„Nein, ich will nicht.«
„Was ist mit deinen Wünschen, Lily, du wolltest soviel lernen, alles wolltest du wissen, du wolltest anderen Menschen helfen, du wolltest den alten Zauber bewahren.“
„Ich habe keine Wünsche mehr. Ich möchte hierbleiben, hier kann ich alles erfahren.“
„Wenn du gut zugehört hast, dann weißt du, daß die Geschichten nicht zu Ende sind. Vieles bleibt noch zu tun.“
„Nein, Schmetterling, nichts bleibt zu tun. Sieh nur, alle Blumen blühen und das ist gut so.“ „Doch wisse, es gibt auch andere Felder, die es zu bebauen gilt. Der Staub dieser Blüten ist der Same für neue Blumen. Bleibst du hier, ist der Same umsonst.“ Lily verstand überhaupt nichts und wurde sehr, sehr wütend.

Das Lied des Schmetterlings

Ich bin so nah und doch so fern.

Bin auf der Erde und ein Stern.

Kann fliegen, wenn der Tag anbricht,

doch mit dem Licht die Macht erlischt.

Der Wind ist mein Gefährte,

der ist mein Daheim,

auch wenn ich dir gehöre,

bin ich in mir all-ein.

Die Liebe lässt dich fliegen,

sie hebt dich hoch empor.

Am Ende dieser Reise,

steht ein großes Tor.

Dahinter das Geheimnis,

verborgen vor der Welt,

Das Auge sieht sich selber,

wenn man den Schlüssel kennt.

So höre denn und staune,

denn aus dem stillen Raume,

ertönt der Ruf an dich,

dich ewig zu verbinden,
mit deinem eignen Ich.
In Liebe zu erforschen ,
was dir scheint so fern.
Es gibt kein du, es gibt kein ich,
die Wahrheit ruht im Kern.

Lily, nun doch sehr betroffen, fragte: „Was soll ich tun?“ „Ich werde dir zeigen den Ort der wartenden Wünsche. Komm mit mir, und du wirst geführt an den Platz, der das Feld ist, das zu bebauen es gilt.“ „Wohin willst du mich führen, ich möchte nicht weg hier.“ Der Schmetterling lächelte. „Dazu brauchst du nicht wegzugehen. Dieser Ort ist näher, als du denkst. Es ist dein Herz.“

„Mein Herz?“ Lily lachte hell auf, „in mein Herz willst du mich führen... wie?“ „Nun, ganz einfach, schließe die Augen, sei ganz still, sei ganz klein und stelle dir die riesigen Hallen des Herzens vor. Spüre den Strom, der es durchströmt, und öffne die inneren Augen, um zu sehen die Wahrheit, die dort regiert.“

Kaum hatte er diese Worte gesprochen, befand sich Lily in den Hallen des Herzens. Unbeschreiblich schön war der Anblick, der sich ihr bot: In der Mitte des Herzens brannte ein Feuer, von dem Lily sich magisch angezogen fühlte.
„Das innere Licht leuchtet, hell und klar, beständig ohne zu flackern, ohne Vibration. Es ist...unveränderlich und sanft. Es wirft nicht die gespenstischen Schatten einer Fackel an die Wand, es wärmt dich durch und durch, obwohl der bläulich weiße Strahl so kalt wirkt und unbarmherzig. Es umfasst dich und durchdringt dich. Jeder Widerstand stört den Rhythmus des Lichts.
Es leuchtet ohne Kraft, es ist Kraft. Es ist die unbewegte Stille dieses Lichts, die dir die Ruhe gibt."
Lily erinnerte sich an dieses Licht. Schon einmal hatte sie es gesehen, in der Mitte eines Berges. Nach langer anstrengender Reise war sie dahin gelangt. Der Hüter dieses Lichts hatte sie empfangen und jene Worte zu ihr gesprochen. Vieles hatte er ihr gesagt. Auch sie war in gewisser Weise eine Hüterin dieses Lichts.

Die Erinnerung verschwand genau so schnell, wie sie gekommen war.

Klein und nackt stand Lily in den Hallen des Herzens und starrte aufs Feuer. Näher und näher zog es sie hin.

„Noch ist nicht die Zeit.“ Eine Stimme, warm und schneidend wie ein Schwert zugleich, ertönte aus der Mitte des Feuers.

„Hüte dich, Lily, löse den Blick von der Flamme, sonst verbrennt sie dich, bevor du mit ihr verschmilzt.“

Langsam, mit aller Kraft, senkte Lily die Augen und blieb wie angewurzelt stehen. Unter ihren Füssen lag ein Stein, vielmehr eine Steinplatte, auf der sich eine Inschrift befand. Lily bückte sich und was sie sah, erschütterte sie zutiefst. Hier, in Stein gehauen, war eine Grabesinschrift:

HIER RUHEN DIE KINDER DER WIRKLICHKEITEN,

LEBENDIG BEGRABEN IN DEM MOMENT,

DA LILY IHRE WÜNSCHE VERGASS

„Nein, nein, bitte nicht." Lily war verzweifelt und wollte weglaufen, doch ihre Füße schienen am Boden festzukleben. „Hebe mich," flüsterte der Stein, "hebe mich," und ganz dumpf hörte Lily ein Pochen. Es schien von weit weg zu kommen, doch der Stein erbebte mit jedem Pochen mehr: „Hebe mich, hebe mich, hebe mich..." Laut und immer lauter dröhnte die Stimme des Steines in den Hallen des Herzens. Lily packte das Grauen. Hilflos und nackt stand sie hier und flehte inständig um Hilfe: „Schmetterling, wo bist du, hilf mir, wo bist du?" „Ich bin hier", ertönte die helle Stimme ihres Freundes.„ Wo, ich kann dich nicht sehen?" „Ich bin in dir, Lily, hier in den Hallen des Herzens sind wir eins." „Was soll ich tun?" „Erinnere dich, Lily, erinnere dich an deine innersten Wünsche. Du sehntest dich nach einem Land, das dein Zuhause ist, innen und außen, wo jeder Ort deine Heimat ist und jedes Wesen dein Geliebter. Durch die Liebe wolltest du wachsen, zur Liebe selbst wolltest du werden, um Hoffnung zu bringen den Menschen. Erinnere dich an deine Aufgaben, Lily: liebend zu vertrauen,

Freude zu bringen in einer Zeit,wo Dunkelheit herrscht und Verzweiflung auf dieser Erde.
Du wolltest spielend die Herzen der Menschen öffnen, ihnen Mut machen. Vergiss das Geheimnis nicht, das dir anvertraut und du auch bist.
Du verlierst dich im Labyrinth, mein Kind, wenn du deine Wünsche vergisst.
Die Vergangenheit ist schön und wichtig, doch ist sie nur ein Teil.
Die Lieben der Vergangenheit wirst du wieder sehen und erkennen, und durch all die verschiedenen Aspekte der Liebe wirst du den Stern in dir finden, der in allen Farben strahlt. Suche die Wahrheit, mein Kind. Tief innere Wünsche sind Wahrheit, sind die Mütter der Kinder der Wirklichkeit, die geboren werden müssen, um ganz zu werden, um zum Stern zu werden und nicht länger der Illusion der Trennung zu verfallen.Tief innere Wünsche sind es, die die Schleier lüften und den Kern sichtbar machen.

Das Leben, Lily, lass es strömen durch dich und behindere es nicht, und, Lily, vergiss Guld nicht, niemals.“
In diesem Moment spürte Lily ein schmerzliches Sehnen, und die Erinnerung an eine Geschichte durchströmte sie, die sie vergessen hatte, und doch in jeder Zelle ihres Körpers geschrieben stand:
Es war die Geschichte einer Begegnung, als Raum und Zeit noch jung waren, und mächtige Bäume die Wurzeln vergruben in silbernem Sand. Dies war die Fortsetzung, die sie in sich selbst erfahren musste. Es war die Geschichte, in der ihr zum ersten Mal die menschliche Liebe begegnet war, eine Liebe, die sie nie zuvor gekannt hatte und die sie hatte verlassen müssen, um sie zur höchsten Erfüllung zu führen.
Es war die Geschichte der Begegnung mit der wahren Liebe.

„Wo Träume sich treffen,
verschmelzen im Wind
und die Stufen immer steiler werden,
hörst du die Klippen erzählen,
von den Tagen des Sturms,
als das Meer noch mächtig war
und die Bäume die Wurzeln vergruben
im silbernen Sand
Die Küste Tara's ist nah
und nah ist das Treffen der Liebenden."

Zu jener Zeit lebte im alten Tara ein Magier mit seinem Sohne. Als nun der Magier den bläulich weißen Blitz am Himmel sah, wusste er, daß der Zeitpunkt gekommen war, seinen Sohn auf die Reise zu schicken. Es war die Aufgabe seines Sohnes, die „Fee" zu menschlichem Leben zu erwecken. Dies ward festgelegt vom Anbeginn der Zeit. So sagte er:

„Mein lieber Sohn, ich habe das Zeichen gesehen, es wird Zeit für dich zu gehen. Hinter den Hügeln an der Küste,

wo der Wind die Wellen gegen die Klippen peitscht, wirst du ein Mädchen finden, von weit kommt sie her und ihr Schicksal hat sie an die Küste Tara´s gebracht. Sie ist bewusstlos, und nur ein Spruch aus deinem Mund kann sie aus ihrer Ohnmacht erlösen."

„Ich weiß von keinem Spruch", sagte der Sohn, „doch werde ich es dennoch versuchen. Schon lange fühle ich Unruhe in meinem Herzen, eine Unruhe, die Entscheidendes kündet.

„Ich kenne nicht des Zieles Nam,
verhüllt sind Weg und Sinn,
doch wird ich sie erwecken,
so wahr ich treu mir bin."

Schweren Herzens verabschiedete sich der Vater von seinem Sohn. Er wusste, welch langer Weg seinem Sohne bevorstand. Die Liebe zu finden, die Fäden zu binden, um endlich allein, vom Glück verlassen, den Weg zu gehen, einsam gemeinsam bis zum Ende der Frist, wo ihm zurückgegeben ward, was einst er hat verloren.

Der Sohn hatte sich schon weit vom Hause seines Vaters entfernt, als er seine Stimme ganz nah an seinem Ohr hörte: „Achte auf deine Träume, mein Sohn. Du wirst Dinge sehen, die dir am Anfang seltsam scheinen mögen, doch nach und nach werden die Zusammenhänge sichtbar und die Teilchen werden sich wie bei einem Mosaik zu einem schönen Ganzen fügen. Die Antwort bezüglich des Spruches wird dir im Traum gegeben. Versuche nicht, ihn mit dem Verstand zu erfassen, sondern lasse ihn so, wie er ist. Wisse, daß du niemals alleine bist."

So endete die Botschaft des Vaters. Tief in Gedanken versunken trat der Sohn seine lange, lange Reise an.

Nach einem weiten Weg, der über viele Hügel und Zweifel führte, fand der Sohn das bewusstlose Mädchen.

Sein Anblick berührte sein Herz und es traf ihn wie ein Keulenschlag. Er liebte sie vom ersten Moment, da er sie sah. Sie kam ihm so vertraut vor. So wie ein Zuhause, um das er wusste, aber nicht kannte. Ganz natürlich, wie von selbst, formten seine Lippen den Spruch, den er geträumt:

Der Spruch des Sohnes

„Träume Fee, träume,
durch die Pforte des Traums
gelangst du ins Reich des Lichts.
Von Elfen umgeben,
spielst du mit den Strahlen der Sonne
und kehrst über den Regenbogen
zurück in das Reich der Schatten.
Du wirst der dumpfen Bewusstlosigkeit entweichen
und erwachen im Lande der Mitte,
dem Reich der menschlichen Wesen.
Werde eine von ihnen,
so sollst du wirken
im Bewusstsein des Lichts.
Nicht menschliche Liebe,
noch grausamer Schmerz,
lasse dich deine Heimat vergessen.
Vor dir steht der Prinz,
der zu öffnen dein Herz berufen ist.
Hand in Hand mit ihm,
wirst du vor dem Thron des gütigen Königs stehen.“

Als Maya erwachte, blickte sie in zwei wunderschöne Augen, die vor Liebe strahlten und denen sie bedingungslos vertraute. Sie war sehr schwach, und der Sohn des Magiers trug sie in ein Haus, das hoch auf den Klippen stand. Der Sturm peitschte die Wellen gegen den Fels, doch warm und behaglich brannten die Feuer in den Kaminen des Hauses.

So lebten sie, abgeschieden von der Welt, glücklich in ihrer Liebe, sieben Tage lang. Ihn zu lieben schien ihr so selbstverständlich wie das Atmen. Sie erinnerte sich anfangs kaum an das, was passiert war, bevor er sie fand. Schemenhafte Umrisse nur, Bilder von Sternen, Wolken, Wäldern. Sie wusste auch nicht, wer sie war oder wie sie zu diesem Körper kam, der ihr so eng schien wie ein zu knappes Gewand, und doch war er ihr, wenn Guld sie berührte, unmittelbarer, nahtloser, unverhüllter Ausdruck ihrer Seele, und sie liebte es, ihn zu berühren und von ihm berührt zu werden und mit ihm auf eine unvorstellbare Art zu verschmelzen, die ihr ganzes Sein in Ekstase versetzte.

Nie hatte sie sich irgendwo so zu Hause gefühlt.
Das wusste sie mit Bestimmtheit. In der siebten Nacht erwachte der Mann und sah die Frau am Fenster stehen. Zerbrechlich wirkte sie in dem langen, weißen Gewand, und ihre Hände zitterten wie aus dem Nest gefallene Vögel.
„Was suchst du, mein Lieb?" fragte der Mann.
„Ich suche das Licht, das ewiglich hält."
Kaum mehr als ein Flüstern war es, das über ihre Lippen drang. Es war das erste Mal, seit sie erwacht war, daß sie in einer für ihn verständlichen Sprache redete.
Bis dahin hatte sie nie gesprochen, nur manchmal im Schlaf hatte sie Töne von sich gegeben. Der Mann, erfreut und erschrocken, zugleich, sagte: „Was meinst du, mein Lieb, von welchem Licht sprichst du ?" „Ich weiß es nicht," sagte die Frau, „aber siehst du die Lichter im Sumpf. Sie rufen mich, ich muss ihnen folgen." Er war sich nicht sicher, ob sie diese Worte wirklich sprach. Es war mehr so, daß sie ihn ansah und er einen winzigen Impuls verspürte, eine Empfindung, die sich dann in diese ihm verständliche Sprache übersetzte.

Die Sätze machten ihm Angst und unmittelbar danach ertönte ein Gesang im Raum, der schaurig war und dem Mann die Kehle zuschnürte, umso mehr, da er nicht wusste, woher er kam.

Der Gesang der Nacht

„Achte auf das Schweigen der Bäume
und verfolge die Schatten am Mond.
Geh nicht vor die Tür
denn kalt ist der Atem des Windes.
Sieh doch die Augen des Mannes
die Angst und die Trauer darin.
Das Licht, das Du suchst,
ist nur ein Trug...
Lass Dich nicht täuschen
vom seltsamen Spiel."
Du armes Kind,
wie konntest Du nur glauben,
daß sanfte weht der irre Wind
in einer Nacht wie dieser?

Das Lied endete ebenso abrupt, wie es begonnen hatte, und die Frau, deren Gesicht zur Maske erstarrt war, legte sich schweigend ins Bett.

Der Mann wollte sie trösten, doch augenblicklich fiel er in einen tiefen Schlaf. Als er erwachte, war sie verschwunden. Er rief sie, suchte sie im Haus, im Garten. Er suchte den Strand ab, doch nirgends fand er eine Spur. Er verliess das Haus und trat seine lange, lange Reise an, immer auf der Suche nach ihr, nach einer Frau, nach einer Seele, die auch die seine war, nach einem Wesen, dem er von Anbeginn der Zeit verbunden war. Er streifte durch Täler und Wälder, durch Zeiten und Länder und wurde zum Wanderer, dessen Geschichte im Buch des Lebens verzeichnet ist.

Die Frau war dem flackerndem Schein der Lichter im Sumpf gefolgt, die Feen hatten die Lichter entzündet, um sie noch einmal zu holen vor ihr Gericht. In dem Moment, da sie den Sumpf betrat, spaltete sich der Nebel, und wieder stand sie vor den zwölf obersten Feen des Feenreiches.

„Nun mein Kind, auf höchsten Befehl holten wir dich, um dir zu künden die Stunde, wo die Entscheidung fällt. Von anderen Mächten getrieben, warst du der Erde gegeben, doch ist es der Wille und höchstes Gebot, das menschliche Sein nur durch den eigenen freien Willen anzunehmen.
So fragen wir dich: „Willst du deiner Zauberkraft entsagen, dein Wissen vergessen für lange Zeit, die Kleider wechseln, um als Mensch zu leben?“
„Ja, ich will,“ sagte Maya.
„Doch wisse, kommst du zurück auf die Erde, wird er nicht mehr da sein.“ „Werde ich ihn wiedersehen?“
„Du wirst ihm viele Male begegnen, innerhalb und außerhalb der Zeit, in verschiedenen Gesichtern, doch werdet ihr euch nicht erkennen. Erst am Ende der Frist, wenn ihr euch eurer selbst ganz bewusst seid, wirst du deinen wahren Namen aus seinem Munde erfahren, und mit dem Namen kommt die Erinnerung zurück, zum Anbeginn der Zeit. Ihr werdet jene reine Liebe manifestieren, die nur mehr als Hingabe an das Höchste verstanden werden kann.

Zwei Wesen im vollsten Bewusstsein ihrer selbst,
sich begegnen, einander erkennen, aufeinander zugehen
und miteinander verschmelzen
unter dem Dache des Höchsten,
so wie Sonne und Mond eins sind im Licht."
„So sei es." „Eines noch höre und vergiss es nie :
Nicht menschliche Liebe, noch grausamer Schmerz,
lassen dich deine Heimat vergessen.
Auch wenn dir verhüllt der Name des Reichs,
du begrenzt bist vom Körper,
das Gefühl bleibt gleich,
das tief in deinem Innern wohnt,
und doch im höchsten Himmel thront.
So folge der Stimme, die immerdar spricht,
die führen dich wird am Ende zum Licht."

Maya gab zum dritten Mal ihr Einverständnis…

Lily konnte kaum noch atmen. Die Geschichte hatte in ihr so einen Schmerz ausgelöst, so ein gewaltiges Sehnen, und sie hatte sie erlebt wie eine Zuschauerin, die in der Lage ist, die Gefühle beider aufzunehmen und am eigenen Leib zu erfahren. Sie wusste nun mit untrüglicher Sicherheit, daß diese Geschichte von ihr selbst erzählte, daß sie diese Frau gewesen sein musste, in einem anderen Körper, in einer anderen Zeit. Und langsam begann sie zu begreifen, was die Vergangenheit gesagt hatte:

„Weisst du mein Kind, diese Geschichten spielen nicht alle auf einer Ebene; so wisse, daß du Geist bist und Seele bist und Körper bist, daß du all-ein bist und ein Tröpfchen im Meer des Allganzen. Nimm die Zeit wie einen Raum. Viele Leben sind darin enthalten, die in Wahrheit gleichzeitig stattfinden. Die verschiedenen Bereiche sind nie voneinander getrennt, vielmehr macht dir die gleichzeitige Wahrnehmung dieser Zustände Mühe. Die Zeit wirst du zunehmend nicht mehr als eine Abfolge von Ereignissen empfinden, sondern mehr als ein Hinüberwechseln von Raum zu Raum, als eine

Verschiebung deiner Aufmerksamkeit beziehungsweise des Fokusses der Wahrnehmung. Immer öfter hast du scheinbar die Wahl, bewusst in eine dieser Wirklichkeiten oder Räume einzutreten und dich dort zu verlieren. So bewusst, wie du heute eine Seite des Buches umblätterst, das ich dir gab. Das, was ihr

Vergangenheit nennt, oder Zukunft, jede mögliche Idee,
jeder Impuls, jeder Traum, alles ist jetzt.
Der Gedanke, daß ein Teilchen Raum einnimmt,
stimmt nur für euch, in eurer Wahrnehmung,
die Materie als etwas Festes sieht.
Ihr habt eure Wahrnehmung so konditioniert,
daß sie sich einer Form anpasst.
Was würdest du meinen, wenn ich dir sage,
daß das ganze Universum nicht mehr «Raum»
einnimmt als ein Stecknadelkopf – und nicht einmal den?
Aber – wie viele «Erlebnisräume»
sind in diesem „Nichtraum,"
wieviele Welten!"

Und bei einer anderen Gelegenheit hatte die Hüterin der Vergangenheit ähnliches gesagt. Lily hatte kein Wort verstanden, doch erinnerte sie sich nun mit aller Deutlichkeit an das Gesagte:

„Stell dir die Zeit wie ein Rad vor,
an dessen äußeren Grenzen entlang du dich bewegst.
Wenn du den äußeren Weg der Zeit gehst,
erlebst du Vergangenheit und Zukunft
als hintereinander folgende Ereigniswelten.
Doch hast du die Möglichkeit, in jedem Moment,
den äußeren Pfad zu verlassen und dich
nach innen zu wenden,
zur Mitte des Rades, und mit ihr zu verschmelzen.
In der Mitte des Rades sitzt dein Selbst,
das niemals in die Illusion der Zeit gefallen ist,
und von dort aus betrachtet,
ist die Zeit wie ein Raum,
in dem Vergangenheit, Gegenwart und Zukunft
gleichzeitig wahrnehmbar sind.

Wo immer du am äußeren Pfad auch stehst,
hast du die Möglichkeit,
dich nach innen fallen zu lassen,
und jeden beliebigen Punkt in der Zeit
als Ausdruck der Ewigkeit wahrzunehmen.

Die Seele oder dein Selbst
sind nicht getrennt von deinem Menschsein.
Diese beiden zu vereinen, dein in Raum und Zeit
gefallenes Ich mit dem ewigen Selbst zu
verschmelzen, ist das Geheimnis,
um zur Mitte des Rades zu gelangen,
von wo aus betrachtet
alles gleichzeitig vor dir erscheint.
Es ist die Liebe allein, die es schafft,
die Illusion von Zeit zu brechen…"

Lily konnte noch immer nicht begreifen, was all das bedeutete, aber sie war bereit zu glauben, daß sie in Wahrheit ein Wesen war, das zu verschiedenen Zeiten und in verschiedenen Räumen lebte und die Möglichkeit hatte, all das zu erleben.

Ein gewaltiger Blitz durchzuckte die Hallen des Herzens. Der Boden bebte, und Lily sah, wie sich die Steinplatte unter ihren Füssen geringfügig verschob. Ein schmaler Spalt wurde sichtbar, und plötzlich wusste Lily, was zu tun sei:„Hebe dich Stein, dein Zweck ist erfüllt.
Ich bin bereit zu sehen, was unter dir liegt.“
Nach diesen Worten glitt der Stein lautlos zur Seite, und Lily starrte in ein gähnendes schwarzes Loch. Eine steile Treppe führte abwärts, und Lily stieg in das Grab, Stufe um Stufe, ohne sich auch nur einmal umzudrehen.
„Befreie uns, befreie uns, Lily. Wir leben noch.“
Hohe, dünne, zerbrechliche Stimmen, Kinderstimmen, drangen an Lily`s Ohr. „Wer seid ihr?“ fragte Lily.
„Wir sind die Kinder der Wirklichkeiten.
Hole uns aus dem Grab und lass uns frei!“
„Warum seid ihr hier?“ „Der Stolz, der Schmerz und das Vergessen haben uns herunter gestoßen und die falsche Zufriedenheit hält uns fest.“
„Was muss ich tun?“
„Erinnere dich an deine Zukunft.“„Wie?“

„Der Herr der Winde treibt uns auf das Meer geahnter Möglichkeiten. Gib dich hin dem Lüftchen, und der Wind wird dich tragen, wohin es dich verlangt. Lass uns frei und dich mit uns!“
Die Stimmen der Kinder der Wirklichkeiten überschlugen sich fast. Sie wurden so schrill, so unbeschreiblich hoch und durchdringend, daß Lily glaubte, es nicht ertragen zu können. Sie war nicht mehr in der Lage, etwas anderes zu denken oder zu tun, als diesen Tönen zu folgen, die schließlich in einen einzigen Ton mündeten. Höher und immer schriller wurde dieser Ton und Lily wurde selber zum Ton. Sie spürte ein kühles Lüftchen, dem sie sich hingab, und das Lüftchen wurde zum Sturm, der das Gefängnis sprengte und die Kinder der Wirklichkeiten hinaustrug auf das offene Meer. Als Lily wieder zu sich kam, schwamm sie im Wasser, in einem unendlich grossen Meer, soweit das Auge reichte...
Lily blickte staunend um sich, strampelnd und prustend schrie sie um Hilfe. Gleichzeitig hörte sie millionenfach Stimmen, die alle dasselbe sangen:

„Wir sind bei dir, Lily, wir helfen dir, wir tragen dich. Lass dich treiben !“

„Wer seid ihr?“ wollte Lily zu wissen.

„Wir sind die Kinder der Wirklichkeiten.

Wir sind die Gesichter des Lebens.

Wir sind die Tropfen im Meer der ungezählten Möglichkeiten. Wir sind die Samen der Äcker, die zu bebauen es gilt. Wir sind in der Luft, die dich umgibt.

Wir sind-gleichzeitig, zeitig-zeitlos.“

Lily schloss die Augen und liess sich tragen. Sie spürte den Wind, die Tropfen wie Körper, Millionen von Lebewesen, die sie zogen, sie sanft streichelten, die sie trugen, und irgendwann, nach endlos langer-kurzer Zeit, hörte sie wieder eine Stimme:

„Öffne die Augen. Die Insel oder der Ort, wo sich Wünsche erfüllen, liegt vor dir.“ Lily öffnete die Augen und sie sah eine Insel, von Nebel umgeben und doch glasklar. Kaum versuchte Lilly ein bestimmtes Bild von der Insel festzuhalten, verschwamm es wieder vor ihren Augen und zeigte ein völlig neues Gesicht.

Näher und näher trug sie das Meer an das Ufer der Insel. Langsamer wurden die Veränderungen und, als Lily den Strand berührte, wurde alles fest, klar und deutlich. Auf einer Anhöhe sah Lily ein gewaltiges Schloss. Gläserne Stufen führten hinauf und wie in Trance erklomm Lily Stufe um Stufe die Höhe des Berges. An der letzten Stufe angekommen, blieb Lily stehen.

„Wo hin ich hier?" fragte sie ehrfurchtsvoll.

„Du befindest dich am Ende des Vorderen Weges, am zweiten Tor der Zeit, das der Zugang ist zu den Toren der Zukunft."

Diese Worte kamen aus dem Munde einer unvorstellbar schönen, hässlichen, alles-seienden Frau. Alles an ihr schien zu fließen. „Wer bist du?" fragte Lily.

„Nun, weisst du das nicht, mein Kind, ich bin deine Zukunft und ich frage dich: „Was machst du hier?"

Bei dieser Frage befiel Lily ein leichtes Unbehagen, das sie aber sofort wieder abschüttelte. zurückgeschleudert.

„Was war das?"

„Man hat mich hierher gebracht", sagte Lily. „So, so", sagte die Zukunft, „dann folge mir!"

Lily hatte kaum einen Schritt gemacht, schon wurde sie, wie von unsichtbarer Hand, zurückgeschleudert.

„Lily, du stehst am zweiten Tor der Zeit, es ist unsichtbar, doch hast du die Angst nicht besiegt, ist dir der Zugang verwehrt."

„Ich will zu dir, rief Lily, bitte!"

„Dann musst du die Prüfung bestehen. Geh und löse die Angst, die dein persönliches Leben betrifft."

Bei diesen Worten verschwand die Zukunft, verschwanden die Stufen, das Schloss, und Lily stand wieder am Fusse eines hohen Berges, von dichtem Nebel umgeben.

Im Sumpf

Lily fürchtete sich sehr und je mehr sie sich fürchtete, desto dichter wurde der Nebel um sie. Sie konnte kaum die Hand vor ihren Augen sehen, doch tapfer tastete sie sich Schritt für Schritt vorwärts, den Berg hinauf. Ihre Augen begannen sich an den Nebel zu gewöhnen, und sie nahm schemenhafte Umrisse von Gestalten wahr.

Manchmal meinte sie Konturen eines Gesichts zu sehen, seltsam verzerrt. Plötzlich sah sie viele Gesichter, die zu Masken erstarrten, wenn ihr angsterfüllter Blick sie erfasste.

„Nur weiter!“ befahl ihr eine innere Stimme „Geh weiter und schau nicht zurück!“

Sie meinte Hände zu spüren, die nach ihr griffen, die versuchten, sie zu halten. Lily blieb stehen. Ihre Beine waren schwer, wie gelähmt, gelähmt auch ihr Wille, und sie merkte, wie sie selbst zur Maske erstarrte. Immer näher kamen die Gestalten. Es waren viele. Sie waren klein, klein wie Kinder, doch ihre Gesichter wirkten alt und versteinert.

Grauen befiel Lily, als diese „Kinder“ sie an den Händen fassten. „Nein!“ schrie Lily, doch langsam dämmerte ihr eine Ahnung. „Wer seid ihr?“ fragte Lily.

„Wir sind die Kinder der Wirklichkeiten!

Kennst du uns nicht?“

„Nein! Ich kenne die Kinder der Wirklichkeiten. Sie sind schön, sie sind lieb, sie sind wunderbar und sie haben mir sehr geholfen.“

„Auch wir können dir helfen. Lass uns bei dir sein.“

Ganz fest drückte sich eines dieser Kinder an Lily und plötzlich biss es Lily in den Arm, und auch alle anderen versuchten, sie zu beissen, Vampiren gleich, und sie wurden grösser und immer grösser. Lily merkte, wie die Energie sie verliess, wie sie gewaltsam aus ihr heraus gesogen wurde. „Ihr seid böse!“ schrie Lily.

„Verschwindet, geht weg. Ich brauche euch nicht!“

In diesem Moment verschwand der Spuk und Lily war wieder allein. Sie lag am Boden, der Nebel war verschwunden, und von ferne hörte sie Stimmen.

„Wir kommen wieder, Lily, wisse, daß du uns nicht besiegen kannst!" Lily fühlte sich sehr, sehr schwach. Sie wollte schlafen, einfach schlafen. Der ersehnte Schlaf blieb aus, nur kurze Traumfetzen geisterten durch ihren Kopf. Sie sah, wie sich die Gesichter der Kinder der Wirklichkeiten, die sie aus dem Gefängnis befreit hatte, in diese Fratzen verwandelten, die sie gerade gesehen.
„Warum", schrie sie, „warum?"
„Angst und Zweifel sind die Kräfte, die uns für dich verändern. Wir sind die gleichen, doch deine Angst ist die Brille, die uns zu Monstern macht. Hüte dich." Das Bild zerfloss, und plötzlich fand sich Lily auf einer wunder-schönen Wiese und sie sah ein aufgeschlagenes Buch auf einem Baumstumpf liegen.
Auf der vordersten Seite stand:
„Die ungeliebten Kinder der Wirklichkeiten."
Aus den Geistern der Angst, des Schmerzes und der Schwere werden wir geboren.Sinnvoll, solange es sie gibt, streben auch wir dem Licht entgegen. Sind wir erkannt und anders benannt, sind wir erlöst.

Auch dieses Bild zerfloss und Lily wurde wieder von der Angst gepackt.

„Ich kann die Angst nicht besiegen."

Plötzlich hörte Lily die Stimme, die sie schon in den Hallen des Herzens gehört hatte.

„Wisse, mein Kleines, daß man die Angst nicht besiegen kann. Stelle dir vor ein silbernes Netz, aus Liebe und Vertrauen gewoben. Zarter als Spinnfäden und feiner als Engelshaar ist der Glaube an das Gute und das Wahre. Berühren Angst und Zweifel dieses Netz, lösen sie sich auf, geben sich einfach hin. Begegnest du dem Geist der Schwere, so lach ihm ins Gesicht, bezaubere ihn mit deiner Lebenslust und du wirst einen wertvollen Verbündeten gewinnen, der deinem leichten Spiel Gewicht verleiht." In diesem Moment spürte Lily, wie die Kräfte in ihren Körper zurückkehrten. Sie stand auf, und wieder sah sie den Berg; und sie spann im Geiste ein Netz, von Liebe und Vertrauen gewoben.Wieder kamen die ungeliebten Kinder der Wirklichkeiten, doch diesmal sah Lily nicht das Hässliche an ihnen, sondern sie sah die Angst,

die Einsamkeit, die Verzweiflung in diesen Gesichtern und die Schwere, die auf diesen Wesen lastete. Tiefes Mitgefühl erfüllte sie, und, einem inneren Impuls gehorchend, zeigte sie auf die silbernen Fäden, die, deutlich sichtbar, den ganzen Berg umspannten. „Berührt das Netz!" flüsterte Lily, „berührt es!"

Kaum hatte sie das gesagt, begann eine der Fratzen zu kreischen:„Du bist schlecht, Lily, alles machst du falsch, das Licht, das du suchst, ist nur Trug! Erinnere dich. Immer schon warst du schlecht. Du hast alles falsch gemacht. Dein ganzes Leben ist sinnlos. Unglücklich bist du und unzufrieden alle mit dir." Lily schluckte und schon schnürten ihr die Tränen die Kehle zu. Genau das hatte sie auch gedacht, als sie damals am See gesessen hatte, bevor der Schmetterling kam.

„Aber der Schmetterling", sagte sie, „und die Feen und der Garten der Vergangenheit, ist das alles nichts?"

„Träume, alles nur Träume, weil du mit deinem wirklichen Leben nicht zurechtkommst!" erwiderte die Fratze und stieß ein höhnisches Lachen aus.

Lily war fast schon bereit ihr zu glauben, als sie wiederum von einer inneren Stimme geführt sagte:

„Ich glaube dir kein einziges Wort, solange du es nicht wagst, dieses Netz zu berühren. Oder hast du etwa Angst vor einem Traum?“ Zitternd berührte die Fratze die Fäden und in diesem Moment verschwand sie.

Aus unmittelbarer Nähe hörte Lily eine zarte, weiche Stimme singen:

„Du bist einzigartig, Lily, wie alle anderen auch.
Geh weiter und erkenne dein Selbst. Ich liebe dich.“

Als nun die anderen Fratzen diese unglaubliche Veränderung miterlebten, erfüllte sie solche Sehnsucht nach dieser Zartheit, nach dieser Liebe, daß sie alle das Netz berühren wollten. Nach kurzer Zeit waren sie alle verschwunden. Lily fühlte sich leicht und frei, und eh sie sich´s versah, stand sie wieder vor der schillernden, fliessenden Frau.

„Herzlich willkommen, mein Kind,“ sagte sie, „du hast die Prüfung bestanden. Der Weg in die Gärten der Zukunft steht dir frei.

Doch wisse, immer und immer wieder werden dir die ungeliebten Kinder der Wirklichkeit begegnen. Mit jedem Gedanken der Angst, des Zweifels, der Schwere gibst du ihnen den Raum zu leben. So vergiss nie, wie Du die Aufgabe heute gelöst hast."

Nach diesen Worten verschwand die Frau, und Lily stand inmitten von Feldern und Äckern, soweit das Auge reicht .

„Du wirst geführt an den Ort, der das Feld ist, das zu bebauen es gilt."

Lilly erinnerte sich nun an die Worte des Schmetterlings und tief in Gedanken versunken betrat sie den Boden der Zukunft .

Sie sah kleine Schildchen aus dem Boden ragen, mit Namen darauf. Es waren Namen von Menschen, von Orten, von Tätigkeiten, von Ereignissen. Vieles kam ihr bekannt vor, vieles schien ihr fremd und eigenartig.
Alles war ganz still, bewegungslos. Kein Windhauch, kein Regen, keine Sonne. Kein sichtbares Zeichen von Leben.
Nachdem Lily lange Zeit gewandert war, wurde sie müde. Sie fühlte sich unbehaglich: Alles hier schien den Atem anzuhalten. Sie setzte sich auf den Boden, griff in die Erde und fand ein Samenkorn.
„Wer bist du?“, fragte sie
„Ich bin ein Traum, den du nicht haben wirst, wenn du nicht dort bist, wo du hingehörst.“ entgegnete ihr das Samenkorn. „Wo gehöre ich denn hin?“ fragte Lily.
„In die Gegenwart“, sagte das Samenkorn, „und vergiss nicht, mich wieder dorthin zu setzen, wo du mich gefunden hast. Veränderst du mich, veränderst du alles.“Ganz behutsam gab Lily das Samenkorn der Erde zurück.

Sie wünschte sich von Herzen, daß die Zukunft kommen möge und ihr alles erklärte. In diesem Moment stand die Zukunft vor ihr.
„Was passiert hier?“ fragte Lily. „Nichts bewegt sich hier. Ich habe soviel gesehen und alles vergessen.“
„Das ist auch gut so“, sagte die Zukunft, „es ist Zeit für dich, zurück zu gehen. Meine Schwester, die Gegenwart, ruft nach dir. Sie ist sehr krank und, wenn du nicht bei Ihr bist, liegen die Felder der Zukunft brach.
Du bist die Hüterin des Samenkorns und vieler anderer Samenkörner. Du bist ihre Sonne, ihr Regen und ihre Nahrung. Dein Wille formt Ihre Gestalt. Von dir hängt es ab, ob in meinem Garten schöne, große Blumen und Bäume blühen, die jedem Sturm standhalten, oder ob der Boden und seine Gewächse verdorren.
Du bist mächtig, Lily mit deinem Wissen um die Vergangenheit, die meine andere Schwester ist, und mit deiner Liebe kannst du Wunder wirken, doch nur, wenn du bei meiner Schwester, der Gegenwart bist. Kehre zurück und alles wird gut.“

„Werde ich ihn wiedersehen?“

Die Zukunft wusste sofort, wen sie meinte und lächelte. „Ja, du wirst ihn wiedersehen, wenn auch ein bisschen anders, als du denkst,“sagte sie. „Wie, wie kann ich ihn finden?“ schrie Lily „Folge deinem Herzen, Lily, immer, doch suche ihn nicht. Die Liebe wird euch finden, dann, wenn die Zeit reif ist. „Wann wird das sein?“ fragte Lily „Das darf ich dir nicht sagen, mein Kind. Du würdest soviel verpassen, wenn du das wüsstest. Du würdest nicht zu jener Frau werden, die du sein musst, um ihm zu begegnen und ihn zu erkennen. Du hast eine grosse Aufgabe, Lily, die du aus dir selbst heraus erfahren wirst. Mächtige Verbündete werden dich begleiten und dir den Weg weisen in Zeiten der Angst und der Wirrnis. Immer und immer wieder werden sich dir Fenster öffnen, werden dir Zeichen begegnen. Sei offen, Lily, und vertraue. Vergiss nicht, was du empfunden hast, Vergiss niemals, aber gib den Gefühlen Raum zu wachsen, zu gedeihen, bis sich die Frucht von selber zeitigt und klar und deutlich aus dir fällt.

Erinnere dich an dein wahres Selbst, und er wird vor dir stehen. Doch jetzt, meine Liebe, wende deinen Blick der Gegenwart zu, denn nur aus ihr heraus lebend kannst du dich selbst erkennen."

„Wie?" fragte Lily, „wie komm ich dorthin?«

„Wünsche Kind, wünsche, dein Freund, der Schmetterling wird dich führen, und der Wind wird dich tragen, an den Ort, der deiner Aufgabe entspricht."

Lily wünschte sich zurück in die Gegenwart und eh sie sich versah, befand sie sich wieder an dem Platz, wo der Rabe sie das letzten Mal sah. Am Boden liegt blass und krank die Gegenwart.
„Lass mich nie wieder so lange allein," haucht sie.
Lily bemerkt mit Erstaunen, daß die Gegenwart der Vergangenheit und der Zukunft sehr ähnlich sieht. Aber was sie am meisten erstaunt ist, daß sie ihr selbst so ähnlich sieht. Sie scheint alles in sich zu vereinen.
Lily spürt, wie ein gewaltiger Sog sie erfasst, wie sie aus Liebe und Mitgefühl zur Gegenwart ganz weich wird, und zärtlich umarmt sie die Gegenwart, bis sie schließlich mit ihr verschmilzt. In diesem Moment riecht Lilly wieder den Duft der Blüten, die Gerüche des Waldes, der sie umgibt, und sie hört das sanfte Plätschern des Wassers vom See. Ein Rabe krächzt aufgeregt, und Lily versteht jeden Laut, den er von sich gibt. „Wo bist du gewesen?" krächzt der Rabe. Lächelnd denkt Lilly an ihre Erlebnisse, an ihre lange, lange Reise.

„Nun, ich besuchte die Schwestern der Zeit und habe sie endlich vereint."
Sie lässt einen sehr verwirrten Raben zurück und geht fröhlich und singend nach Hause. Nie zuvor ist ihr der Wald so zauberhaft erschienen, die Luft so klar und das Leben so schön.
Noch einmal öffnet sich ihr ein Fenster, und sie sieht die Gärten der Zukunft, und Blüten, die sich der Sonne öffnen, und sie sieht ein Land entstehen; unveränderlich und klar sieht sie die Früchte des Tuns und sie erinnert sich an dieses Land, das sie schon einmal gesehen hat, in den Hallen ihres Herzens, und das darauf wartet, geboren zu werden in ihrem Erleben, im Hier und Jetzt .

Weitere Bücher von Lile an Eden

Ein Buch, um das Abenteuer Leben liebend zu verwirklichen.

Lile an Eden

Das Buch des Lebens

Der vergessene Mythos der Liebe

Format: 16,5 x 23,0 cm

226 Seiten, broschiert, mit zahlreichen Farbbildern

69 farbige Karten, 11,0 x 8,5 cm

Buch mit Karten: €[D] 39,00

ISBN 978-3-9503099-04

Auslieferung: sofort

www.artvisionweb.com

www.amazon.de

www.val-silberschnur.de

val@silberschnur.de

Ein Buch, das mehr ist als ein Buch: ein Buch, das jeder nicht nur lesen, sondern mit all seinen Sinnen erfassen, erfühlen, erfahren kann; ein Buch, das nur ein grosses Thema hat: die Liebe...

Mit fast zauberhafter Leichtigkeit gelingt der bekannten Autorin hier eine meditative Schau der menschlichen Existenz in all ihren Facetten;

starke Bilder und blühende Metaphern in einem flammenden Text reichen dem Leser die Hand und geleiten ihn durch die Höhen und Tiefen eines Lebens.

Das Buch ist in drei grosse Kapitel geteilt:

Im 1. Teil befinden sich die grundlegendend Prinzipien, auf denen die annahme des Einen in Allem beruhen. Hier werden Geschichten erzählt, die diese Prinzipien gleichnishaft dem Leser näher bringen.

Im 2. Teil sind es insbesondere wunderschöne Orakelkarten, die auf den Weg durch Zeit und Raum führen. Diese damit verknüpften Texte erlauben dem Leser das Erfassen seiner Stimmungen und Einflüsse des Augenblicks und zeigen Möglichkeiten auf, mit der jeweiligen Situation umzugehen.

Im 3.Teil sind Gebete, Zaubersprüche und Meditationstexte vereint, die der Leser zu seinem Wohl und zu dem des Ganzen anwenden kann.
Ein tiefenpsychologisch anspruchsvolles, mystisches und geheimnisvolles Buch, das der eigenen Imagination freien Lauf lässt. Bei seiner Lektüre öffnet sich das Herz und weitet sich der Geist, um das Abenteuer Leben als erausforderung liebend zu verwirklichen. Vertieft wird der Text durch 69 Bewusstseinskarten, die in ihrer magischen Schönheit und tiefen Aussage das geschriebene Wort wunderbar unterstützen ...

»Das Buch des Lebens enthält eine Fülle spiritueller, einfühlsamer, schöner und edler Gedanken, die sich zu einer zusammenfassenden meditativen Schau der menschlichen Existenz vereinigen ...«

Prof. Dr. Dr. Wagner

Lile an Eden

AN

Liebe in Zeiten

der Seelendämmerung

Format 14,0 x 21,5 cm

Ca.200 Seiten, illustriert,broschiert

ISBN 978-3-9503099-3-5

Euro : (D) 19,90Euro : (A) 19,90

Sfr :24,90

Lieferbar : ab Ende Juni 2013

Ein Buch des liebevollen Verschmelzens von männlich und weiblich, von Sonne und Mond, von Schöpfer und Schöpfung. Ein initiatisches Märchen, das in seiner schöpferischen Tiefe und seiner sensiblen Formsprache wohl einmalig ist... Die Geschichte von Lily und Guld ist allerdings mehr als ein Märchen; es ist der geglückte Versuch, den Weg des selbstbewussten Menschen von außen nach innen in ein symbolisches und mythisches Gewand zu kleiden, um die oftmals komplizierten Bewusstseinsabläufe so in eine lesbare und verständnisgerechte Form zu bringen. Das Ergebnis ist eine weitverzweigte und doch immer wieder punktgenaue fantastische Geschichte zweier Wesen, die durch Raum und Zeit wandern und deren tiefes Sehnen sie die Illusion von Zeit und Raum überwinden lässt, um sich in der Liebe wiederzufinden als das was sie sind, in Allzeit und Allraum, in der ewigen Gegenwart, in ihrem wahren Sein. Es ist die Geschichte einer großen Liebe und eines in der Seele verborgenen Geheimnisses, das den goldenen Schlüssel zu diesem Buch liefert. Ein schönes Buch voller poetischer Wunder und seltsamer Weisen, voller spiritueller Gaben und mythologischer Reminisenzen ; ein Buch des liebevollen Gewahrseins des Einem in allem und des behutsamen Verstehens von inneren Vorgängen, die gleichermassen für unsere Wahrnehmung der Welt verantwortlich sind – ein Buch der Erinnerung an unser wahres Selbst innerhalb und ausserhalb von Zeit und Raum..

Die Magische Natur

Die Magische Natur

Spiegelungen der Seele

Lile an Eden

Die Magische Natur

Spiegelungen der Seele

Gedichte, Aphorismen und Spiegelbilder

Ein einmaliges Buch zum Staunen und Entdecken, wo jeder Text und jedes Bild den Leser behutsam hinführen zu einem neuen Verstehen der ihn umgebenden Natur und gleichzeitig zu einem tieferen Verständnis seines eigenen Ichs, denn beide sind direkt verbunden durch die Magie des Sehens mit den offenen Augen eines liebenden Herzens.. Ein „zauberhaftes" Buch!

Format :14,0 x 21,5

Ca 200 Seiten, mit zahlreichen Farbabbildungen,

broschiert
Gestaltung: Klaus Weber
www.zwergle.com

ISBN 987-3-9503099-8-0

Preis Euro : (D),(A)24,90, sFR : 32,90

lieferbar ab Juni 2013